JN025898

フレッシュ中小企業診断士による

合格・資格活用の秘訣V

小林 勇治 [編著]
Yuji Kobayashi

同友館

はじめに

　最近、リスキリングが叫ばれているせいか、中小企業診断士（以後、診断士）試験の受験者が増えている。自分をよりビルドアップしようとする向上心が増しているのか、それとも生涯雇用が危ぶまれている中で自己防衛的研鑽を目的としているのかはしれないが、診断士資格が注目されている。

　また、診断士のビジネスも、各種の補助金政策の申請支援とともに、経営革新計画の作成支援も増えてきている。コロナ禍の際に受けた緊急融資の返済に行き詰まった場合の支援なども、診断士への依頼が増加している。その他にも、経営革新での IT 活用時における支援ビジネスなど、診断士の活躍の場は確実に増大している。

　一方、診断士試験についてみてみると、令和5年度は1次試験受験者 18,621人、1次試験合格者 5,521 人、合格率 29.6% であった。受験者数は令和4年度 17,345 人の 107.4% となっており、人気の向上がみえてくる。

　診断士は、このように人気がある資格であるがゆえに、難関資格とみなされ、受験をためらう人もいる。しかし、合格にはちょっとした秘訣がある。本書では、合格者たちが自ら実践したノウハウを、恥部も含めて赤裸々に公開している。

　本書は、主に 2023 年4月に診断士登録を済ませたフレッシュ診断士 127 名の中から、有志 23 名＋編著者1名が中心となり、これから受験する人のために、自身の受験動機や勉強内容とそのポイント、資格活用の秘訣を紹介したものである。

　序章では診断士制度の仕組みを解説し、第1章で各会員の受験動機、第2章で1次試験、第3章で2次試験合格のノウハウを紹介している。続く第4章では、2次試験を免除される登録養成課程を選んだ会員の体験談、第5章では資

格活用や独立についての体験談、第6章では診断士活動を経験した会員からのメッセージを紹介し、第7章ではアンケート調査からフレッシュ診断士たちの横顔を分析した。

第7章ではさらに、彼らの診断士としての要素整備度から、年収を予測算出している。ただし、これは現在の実力を示したものであり、資格取得後、要素整備度を上げることによって、年収を増加させることは可能である。要素整備度が低い人たちには、研鑽を積んでいくことによって、要素整備度を高め、徐々に年収を増加させることが期待できる。資格取得後も知識・経験の研鑽をしていくことが必要であると気づいてほしい。

編著者の小林は、先輩診断士としてフレッシュ診断士の研修と開業を支援し、1989年、社団法人中小企業診断協会東京支部中央支会（現・東京都中小企業診断士協会中央支部）の認定研究会として「診断士大学（のちに、フレッシュ診断士研究会に名称変更）」という1年コースの研究会を結成した。33期生までの累計卒業生は1,526名で、東京都中小企業診断士協会5,010名（2023年2月10日現在）の30.5%がフレッシュ診断士研究会の卒業生である。皆さんが診断士資格を取って協会に参加されることを心から歓迎し、お待ちしたい。

本書はこの研究会の34期生が中心となり、序章と第3章、第4章、第5章については、33期生の経験者も交えて執筆した。皆、まだ診断士としては研鑽中の身であるが、診断士を志す後輩のために真実を伝えようという意欲は高いので、この意向をお汲み取りの上、読んでいただきたい。

2024年3月

編著者　小林勇治

■ 目　　次 ■

序章

中小企業診断士制度の
仕組み

序-1

資格制度と中小企業診断士
登録までの道のり

（1）中小企業診断士とは

中小企業診断士（以下、診断士）は、中小企業の経営課題に対して診断や助言を行う専門家であり、経営コンサルタントとして唯一の国家資格である。診断士は、経済産業大臣によって登録され、氏名などが官報で公示される。

①主な業務と必要な知識・能力

診断士の業務は、中小企業支援法で、「経営の診断及び経営に関する助言」とされている。具体的には、企業の成長戦略策定やその実行に向けたアドバイスのため、中小企業と行政・金融機関などをつなぐパイプ役から、中小企業施策の適切な活用支援、企業経営の合理化推進に向けたコンサルティングまで、幅広い活動を行っている。

このように幅広い活動を行う診断士には、企業の4大経営資源といわれる「ヒト・モノ・カネ・情報」に関する横断的な知識と能力が求められる。

②活躍の場

診断士は、企業経営に関わる横断的な知識と能力を活かして、独立・企業内を問わず活躍できる可能性があるため、ビジネスパーソンにとって有望な資格であると考えられている。

経済環境の先行き不透明な状況が続いている時代だからこそ、診断士資格を活かす場は広がっており、診断士を目指す理由も人それぞれである。詳細は、第1章をご一読いただきたい。

（2）診断士登録までの道のり

　診断士になるためには、まず、中小企業診断協会（以下、診断協会）が実施する1次試験に合格する必要がある。その後は、2通りのルートが存在する。

　1つ目は、診断協会が実施する2次試験に合格した後に、合計15日間の実務補習を修了または診断実務に従事（実務従事）するルートである。

　2つ目は、中小企業基盤整備機構（中小企業大学校）または登録養成機関が実施する養成課程を修了するルートである（図表序-1-1）。

①1次試験

　1次試験は、診断士に必要な学識の有無の判定を目的として、企業経営に関す

図表序-1-1　診断士試験制度の全体像

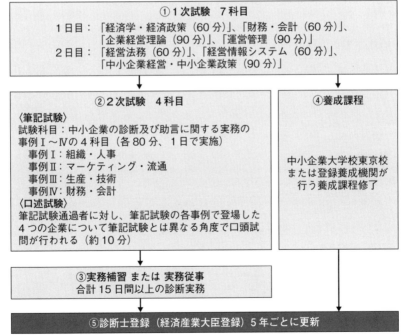

出典：診断協会の Web サイトを参考に作成

図表序-1-2　1次試験受験者数と合格率の推移

出典：診断協会の Web サイトを参考に作成

る 7 科目について、マークシート形式の多肢選択式で実施される。試験は例年 8 月上旬の 2 日間（土日）で行われ、9 月上旬に合格者が発表される。

a. 合格基準と合格率

　合格基準は、「総点数の 60% 以上」かつ「1 科目でも満点の 40% 未満がないこと」である。2023 年度は、東京、大阪などの 8 都道府県が受験地区となっており、自宅住所にかかわらず希望地区での受験が可能である。

　図表序-1-2 に示す通り、2010 年度から 2019 年度までの受験者数は 14,000 人前後で推移していたが、2020 年度は 12,000 人を割っており、コロナ禍での受験控えと考えられる。一転して、2021 年度以降は増加傾向にある。

　合格率は 2018 年度までは 20% 前後で推移していたが、2019 年度以降は 30% を超えるほどに上昇傾向である。

b. 科目免除制度

　1 次試験には科目免除制度があり、一部の科目に合格できた場合は、翌々年度まで、申請によりその科目の試験が免除される。科目ごとによる合格基準は、「満点の 60% 以上」である。

　また、当該科目に関する資格（たとえば「経営法務」であれば、弁護士）な

図表序-1-3　1次試験合格基準と科目免除制度の詳細

出典：診断協会の Web サイトを参考に作成

どを有していれば、その科目の受験免除を申請することができる。

　図表序-1-3 に、1次試験の合格基準と科目免除制度の詳細をまとめている。
科目免除制度を活用したほうがいいかどうかは、受験者ごとの状況に応じた検討
事項となる。なお、1次試験についてどのような試験対策があるかについては、
第2章をお読みいただきたい。

②2次試験

　2次試験は、診断士としての応用能力の判定を目的として、実務の事例を通じ
た筆記および口述を用いた2段階方式で行われる。

　筆記試験は例年10月下旬の日曜日に、口述試験は1月下旬の日曜日にそれぞ
れ行われる（口述試験は、筆記試験の合格者が対象）。

　なお、1次試験合格年度に2次試験に不合格となった場合、翌年度に限り1次
試験は免除され、2次試験のみ再挑戦できる制度となっている。

a. 筆記試験

　筆記試験は、図表序-1-1 に示した通り、事例に基づく4科目で構成される。
合格基準は、1次試験と同様、「総点数の60%以上」かつ「1科目でも満点の
40%未満がないこと」である。この筆記試験には、科目免除制度はない。

b. 口述試験

　口述試験は、筆記試験の事例などをもとに個人ごとに面接形式で行われ、

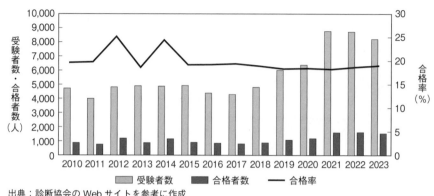

図表序-1-4　2次試験受験者数と合格率の推移

出典：診断協会の Web サイトを参考に作成

「評定が 60% 以上」であることが合格の基準となる。

c. 合格基準と合格率

　2010 年度から 2018 年度までの受験者数は 4,000〜5,000 人前後であったが、2019 年度からは増加し、2021 年度以降は 8,000 人強で推移している。しかしながら、合格率は 20% 未満となることが多い（**図表序-1-4**）。

　以上のことから、1 次試験、2 次試験を合わせて通過する合格率は、概ね 4% 前後になる年度が多い。社会保険労務士や行政書士など、他の国家試験同様、難関資格といえよう。

　特に 2 次試験は、1 次試験で得た学識を念頭に、事例企業の経営資源や問題・課題などを与件文から読み取る力が求められ、正解も公表されない。各自に合ったさまざまな勉強法が考えられるが、実際の合格者の取り組み内容を参考にすることが、効率的な試験対策につながると思われる。2 次試験にどのような試験対策があるかについては、第 3 章をご覧いただきたい。

③実務補習・実務従事

　2 次試験に合格した場合、3 年以内に実務補習と実務従事を合わせて 15 日以上の企業診断実務を経験すれば、診断士としての登録申請ができる（**図表序-1-**

図表序-1-5　実務補習と実務従事

タイプ	日数	概要	主催元
実務補習	合計15日	1グループ6名以内で編成し、指導員の指導のもと、2企業以上に対して、経営診断と助言（現場診断・調査・資料分析・診断報告書の作成・報告会）を行う（実務従事の機会がない方に機会を提供する）。	診断協会等の登録実務補習機関
実務従事		コンサルティング会社に勤務したり、民間企業の実務従事サービスを利用したりして、経営診断や助言を行う。	営利団体など

5）。

実務補習は診断協会が開催しており、グループごとに指導員の指導のもと、実際に中小企業の経営を診断し、報告書の作成と報告会を行う。

実務従事は中小企業診断の実務に携われば、対象とすることができる。東京都中小企業診断士協会などの各都道府県協会でも募集していることがある。

④養成課程・登録養成課程

1次試験合格者が、養成課程・登録養成課程（以下、養成課程）を修了すれば、2次試験と実務補習・実務従事を経ずに、診断士の資格要件を満たすことができる。

図表序-1-6に、全国の養成課程を紹介する。過去2年間の1次試験合格者は応募することができ、2次試験受験後の応募も可能である。

養成課程には、全日制の6ヵ月コース、平日夜間と土日による1年コース、土日が中心の2年コース、MBA（経営学修士）などの学位を取得できるコースなど、実施機関によってさまざまなカリキュラムが存在する。しかしながら、いずれの実施機関も学費は高額（200万円前後からそれ以上）になるケースが多いため、応募する際は注意すべきである。

なお、第4章には、養成課程修了者の体験談を紹介している。

図表序-1-6　診断士養成課程・登録養成課程の一覧

機関名	公式HP	所在地
養成課程実施機関		
中小企業大学校東京校	https://www.smrj.go.jp/institute/tokyo/index.html	東京都
登録養成課程実施機関		
法政大学	https://www.im.i.hosei.ac.jp/	東京都
日本生産性本部	https://www.jpc-net.jp/consulting/course/sme/	東京都
株式会社日本マンパワー	https://www.nipponmanpower.co.jp/	東京都
栗本学園（名古屋商科大学）	https://mba.nucba.ac.jp/	愛知県
中部産業連盟	https://www.chusanren.or.jp/	愛知県
東洋大学	https://www.toyo.ac.jp/academics/mba/finance/	東京都
千葉学園（千葉商科大学）	https://www.cuc.ac.jp/dpt_grad_sch/graduate_sch/master_prog/smec/index.html	千葉県
兵庫県立大学	https://www.u-hyogo.ac.jp/mba/	兵庫県
城西国際大学	https://www.jiu.ac.jp/graduate/management/smec/	東京都
福岡県中小企業診断士協会	https://smec-yousei.jp/	福岡県
札幌商工会議所	https://shindanshi-yousei.jp/	北海道
日本工業大学	https://mot.nit.ac.jp/course/enterprises/katei	東京都
大阪経済大学	https://www.osaka-ue.ac.jp/life/chushoukigyoushindanshi/	大阪府
関西学院大学	https://iba.kwansei.ac.jp/	兵庫県

出典：中小企業庁のWebサイトを参考に作成

（3）資格更新

　診断士資格は、5年ごとに更新登録申請が必要となる。資格更新には、「専門知識補充要件」と「実務要件」の2要件を満たす必要がある。

①専門知識補充要件

　「理論政策更新（理論政策）研修を修了」、「論文審査に合格」、「理論政策更新（理論政策）研修講師を務め指導」のいずれかの実績を、診断士登録の有効期間内に5回以上重ねておく必要がある。

②実務要件

　「診断助言業務などに従事」、「実務補習を受講」、「実習、実務補習を指導」のいずれかを、診断士登録の有効期間内に合計30日以上行う必要がある。

③休止制度

　企業内診断士などで、海外勤務やその他の事情により5年以内に更新要件を満

たすことが困難な場合には、申請により最長 15 年間にわたり、有効期間の時間
経過を一時的に休止することができる制度もある。

　ただし、再開には休止時の認可書類や資格更新と同じような要件の充足が必要
なため、失効してしまわないよう、制度をよく理解し、長期間の自己管理を徹底
することが必要である。

中小企業診断士の実像

（1）アンケート調査

中小企業診断協会（以下、診断協会）が行った「中小企業診断士活動状況アンケート調査」の結果が、2021年5月に報告されている。

〈調査方法〉

1. 調査対象：都道府県協会に所属する会員中小企業診断士 10,846名
2. 調査方法：調査票郵送および会員専用マイページ上における Web 回答
3. 調査時点：2020年11月
4. 回 答 数：1,892名（回答率17.4%）

このアンケート調査をもとに、中小企業診断士（以下、診断士）の実像に迫ってみたい。

（2）年齢・性別

年齢は、「50歳代」が31.3%と最も多く、「60歳代」26.1%、「40歳代」22.4%が続く。性別は、94.4%が「男性」、5.2%が「女性」と、女性の占める割合は非常に小さい（**図表序-2-1**）。

（3）職業（独立か企業内か）

独立診断士は半数弱、企業など団体に所属する企業内診断士は半数程度で、やや企業内診断士の方が多い（**図表序-2-2**）。

ただし、昨今の働き方改革の進展によって、副業を認められる企業が増加してきており、「全面的に認められる」、「一部認められている（許可制など）」の合計

図表序-2-1　診断士の年齢・性別

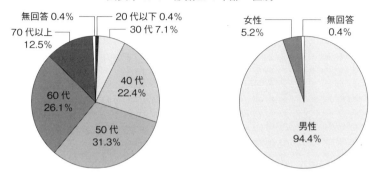

出典：診断協会「中小企業診断士活動状況アンケート調査」（2021 年 5 月）を参考に作成

図表序-2-2　職業（独立か企業内か）

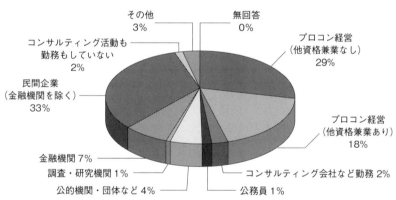

出典：診断協会「中小企業診断士活動状況アンケート調査」（2021 年 5 月）を参考に作成

は半数弱にのぼっている。さらに、新型コロナ対策で進んだテレワークの活用によって、顧客とのやりとりをオンラインで行うことも増えているため、企業内診断士にとっても取り組みやすい環境へと変わってきている。

（4）診断士以外の保有資格

　「なし」との回答が27.8%で最も多く、保有している資格は、上位から「ファ

図表序-2-3　診断士以外の保有資格

選択肢	構成比（%）
1.　なし	27.8
2.　ファイナンシャルプランナー	21.7
3.　情報処理技術者	17.6
4.　販売士	10.0
5.　MBA	9.7
6.　社会保険労務士	7.7
7.　IT コーディネーター	7.7
8.　行政書士	7.4

出典：診断協会「中小企業診断士活動状況アンケート調査」
（2021 年 5 月）を参考に作成

イナンシャルプランナー」21.7%、「情報処理技術者」17.6%、「販売士」10.0% と
なっている（**図表序-2-3**）。また、この表にはないが、「その他」として、宅地
建物取引士やキャリアコンサルタント、証券アナリスト、公認内部監査人などの
回答もみられた。

（5）資格取得の動機

　最も多い回答が「自己啓発、スキルアップ」で 61.7%、「経営診断・支援に従
事したい」48.9%、「経営コンサルタントとして独立したい」33.3% が続く。ま
た、「定年後の資格活用」も 31.5% と上位に入っている（**図表序-2-4**）。

（6）資格取得後の周囲からの評価

　「処遇に変化はなかった」が 40.4% と最も多く、以下、「上司・同僚から良い評
価を得た」25.6%、「関係先から良い評価を得た」24.4% と続いている（**図表序-2-
5**）。

図表序-2-4　資格取得の動機

選択肢	構成比（%）
1. 経営全般の勉強等、自己啓発やスキルアップをはかることができるから	61.7
2. 中小企業の経営診断・支援に従事したいと思ったから	48.9
3. 経営コンサルタントとして独立したいと思ったから	33.3
4. 定年後に資格を活用したいと思ったから	31.5
5. 業務遂行上、資格を活用できるから	26.3
6. 経営コンサルタントとしての信用を高めるため	9.5
6. 転職等、就職の際に有利だから	9.3
7. 資格を持っていると優遇されるから	6.8
8. その他	2.3

出典：診断協会「中小企業診断士活動状況アンケート調査」（2021 年 5 月）を参考に作成

図表序-2-5　資格取得後の周囲からの評価

選択肢	構成比（%）
1. 勤務先、関係先の処遇に変化はなかった	40.4
2. 上司・同僚から良い評価を得た	25.6
3. 関係先から良い評価を得た	24.4
4. 資格手当が支給された	13.1
5. 資格が活かされる部署に配置された	11.5
6. 取得したことを伝えていなかった	7.8
7. 昇給・昇格した	6.1
8. その他	6.0

出典：診断協会「中小企業診断士活動状況アンケート調査」（2021 年
5 月）を参考に作成

（7）コンサルティング業務実施の有無と依頼を受けたきっかけ

　コンサルティング業務については、「行っている」という回答が65.7%にのぼる。これは、前回調査（2016 年）の63.2%から増加している。また、「行ってい

る」という回答者の業務開始からの経過年数は「5年以内」が39.1%、「6～10年」が23.5%で、10年以内が6割以上を占める。

コンサルティング業務の依頼を受けたきっかけについては、「中小企業支援機関・商工団体などからの紹介」が24.8%と最も多い。そのほか、「他の中小企業診断士・団体からの紹介」、「県協会からの紹介」、「現在や過去の顧問先企業からの紹介」などが上位を占め、仕事の獲得に際しては人的ネットワークの構築が重要であることがうかがえる。

(8) 診断士の業務内容

診断士の仕事には、一般に「診る、書く、話す」の3要素があるといわれている。仕事を通して得た経験や報酬などに関しては、具体的な事例が第5章から第6章で述べられているので、ご一読いただきたい。

①診る：コンサルティング

前述のアンケート調査によると、診断士の活動分野の上位は，「経営企画・戦略立案」21.6%、「経営全般」11.6%、「販売・マーケティング」10.4%、「財務」10.3%の順となっている。ここから、企業は経営全般にまつわる戦略的課題に関するニーズが強いことがうかがえる。

一方、「IT・DX支援」など、より専門分野に特化したスキルが求められるものもある。都道府県や商工会議所などでの経営相談も重要な業務である。

②書く：執筆

最初は、ビジネス誌や専門誌への寄稿や専門書の共著から始めることが多い。業種別審査事典への執筆参加もよく聞く。こうした経験や実績を積み重ね、出版社や編集者の信頼を得つつ、書籍出版につなげていくのが現実的だろう。これらの執筆活動を通して周囲の評価が高まり、コンサルティングなどの業務につながっていくケースも少なくない。

③話す：講師

企業の要望する社員教育の研修講師や、全国の商工会議所などで行われる各種

セミナーの講師などがある。研修で人に教えることや、研修の必要性を企業などに説明することは、コンサルティング業務にも通じるところがある。

講師の依頼を受けるには、魅力的な企画書の作成や受講者の満足度を高めるような内容の作りこみが必要である。テーマに沿った専門知識に加え、話す力も重要であり、積極的に自己研鑽に励んでおくことが望まれる。

（9）診断士の報酬はどの程度か

診断士がどれだけ稼げるかといった点は、診断士を目指す人にとっては気になるところだろう。

図表序-2-6 に、前述のアンケート調査より、診断士のコンサルティング業務の年間売上高（または年収）を示す。業務日数が年間 100 日以上となる診断士579 人を対象としている。

調査結果は、「501〜800 万円」が 22% と最も割合が大きく、「1,001〜1,500 万円」が 15% と続く。年間売上 1,001 万円以上の割合は 34% となっており、約 3人に 1 人となる。さらに、少数（5％）とはいえ、年間 3,001 万円以上の売上となる診断士も存在する。診断士は、やり方や能力、意欲次第で稼ぐことができる資格と考えられる。

図表序-2-6　コンサルティング業務の年間売上（または年収）

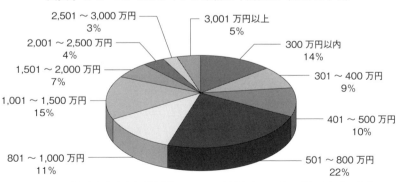

出典：診断協会「中小企業診断士活動状況アンケート調査」（2021 年 5 月）を参考に作成

（10）中小企業診断協会

　診断協会は、診断士相互の連携緊密化、資質向上、中小企業診断士制度の推進と普及を図り、中小企業振興と国民経済の健全な発展に寄与することを目的として設立された団体である。診断士試験を実施する指定機関、実務補習や更新研修を実施する機関として、経済産業大臣の登録を受けている。

　診断士が診断協会へ加入することは義務づけられておらず、これは、他の士業と比べ珍しい点だが、実際には多くの診断士が診断協会と東京都中小企業診断士協会などの都道府県別の地方協会に所属している。

　地方協会では、専門分野別研究会、プロコンサルタント塾などが開催されており、世間動向や最新知識の獲得、先輩診断士との交流による人脈構築の場として、重要な機能を担っている。診断協会での活動が、その後の業務につながっていく診断士も多い。

第1章

私はこうして中小企業診断士を目指した

会計士をあきらめた先で
出合った診断士資格

（1）大学入学後、公認会計士を目指す

①なぜ公認会計士を目指したのか

　私は、青山学院大学の経営学部経営学科に入学した。ここに入学した理由は、大きく2つあり、社会に出て役立ちそうな勉強をしたいと思ったことと、父親と兄も MARCH の経営学部出身であり、何となく同じような選択をしようと思ったことである。

　そのような背景の中、大学の授業を受けているうちに気づいたことがある。半年授業を受けるよりも、教科書を1～2時間読み込んだほうが早く理解し、覚えられるのだ。そのように思ってしまってから大学生活が暇になってしまい、1年生の9月頃に新たに何かしようと思い資格を調べ始めた。

　社会で他の人とは違って何か特別なことができ、高給取りになりたいと漠然と

図表 1-1-1　私が社会人になるまでのステップ

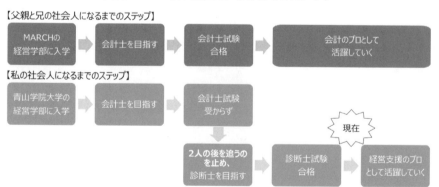

思いながら選んだのは、公認会計士（以下、会計士）である。理由は単純だ。父親が会計士として働いており、兄がちょうどその頃、会計士試験合格に向けて勉強していたからだ。つまり、またしても父親と兄の後を追うという短絡的な考えで選んでしまったのである。

そして、大学1年生の10月頃から会計士試験の勉強が始まった。

②地獄の会計士試験受験生時代

最初の1年目は、新たな知識を得ることができるという好奇心で着実に勉強が進んでいた。しかし、順調だったのもその頃までで、次第に点数が伸び悩んでしまった。理由は明快である。会計士試験は知識の深い理解を必要とする試験であり、細かいことまで確実に覚えなければならない。それは相当な覚悟を持って勉強をしている人でないと突破できない壁だからだ。父親と兄の後を追うという短絡的な目標設定で合格できるほど甘い試験ではなかったのである。

しかし、今までの人生、何事も結局、何とかうまくいっていたので、今回も続けていれば合格できると思い、大学卒業後も就職せずに試験に挑んだ。

勉強を始めて4年が経ち、大学卒業後の5月の試験で成績が落ちてしまった。脳が拒否反応を示し、今まで勉強してきた内容を忘れようとしていると感じたその時、会計士を目指すことをあきらめた。

(2) そもそも何をやりたいのかを見つめ直す

①なぜ会計士を目指したのかを振り返る

大学卒業後、会計士試験の勉強もやめ、完全なニートとなってしまい、当然ながら、焦りでどうかなってしまいそうであった。そんな中、そもそもなぜ会計士を目指していたのかを、一度立ち止まって振り返ることにした。

最初に思い浮かんだのは、特別な存在になりたかったということだった。では、特別なら何でもいいのかと考えを巡らせると、1つの答えにたどりついた。

②経営者の右腕となり、企業成長を支援したい

私が本当にやりたかったことは、「経営者の右腕として寄り添い、企業成長を

支援したい」ということだったのである。

　振り返ってみると、中学・高校の部活動では、後輩の成長のために一緒に練習し教えることが好きだった。その後、大学生の頃に高校の部活動のコーチをしていた際も、部員が成長するために何か教えることや一緒に考えることが好きで、積極的にコーチングをしていた。これらを踏まえ、誰かの成長のために教えたりサポートしたりすることが好きであるという結論に至った。それを社会人にあてはめ、かつ特別な存在になりたいという思いを掛け合わせた結果、「経営者の右腕として寄り添い、企業成長を支援したい」と言語化することができた。

　自分が本当にやりたいことに気がつくまでは、感覚として何となく父と兄の背中を追って、会計士を目指していたのである。やりたいことを言語化してはじめて、必ずしも会計士である必要はないとわかった。

（3）診断士という資格に出合う
①目標にたどり着くための手段を探す
　経営者の右腕として、企業成長の支援ができるようになるために、どのような手段があるのか調べることにした。

図表 1-1-2　コンサルティングの資格一覧

資格名	業務内容	合格率
公認会計士	監査、会計、税務、財務コンサルティング 等	10%前後
税理士	税務、会計、財務コンサルティング 等	15%～20%
社会保険労務士	労働社会保険関連業務、労務管理コンサルティング 等	6～7%
司法書士	登記業務、供託業務、企業法務コンサルティング 等	3～5%
行政書士	会社設立関連業務、各種許認可申請代行、知的財産保護、中小企業向け法務コンサルティング 等	10%～15%
中小企業診断士	経営コンサルティング 等	4～8%

　掲げた目標を端的にいってしまえば、「コンサルタントになること」である。そのための手段といえば、経営・戦略コンサルティングや人事・組織コンサルティングを行う企業へ就職してノウハウをため込むことはもちろんのこと、会計士以外の資格でいうと、税理士や社会保険労務士等の取得が当てはまりそうだとわかった。

　こうして新たな情報を集めていくうち、自分は専門性を極めるよりも、経営者がどんなことでも相談してくれるような存在になりたいのだと気がついた。そして、そのようなことを考えていると、中小企業診断士（以下、診断士）という資格に目がとまった。

②診断士とはどういう資格なのか

　診断士がどういう資格なのかと調べていくと、中小企業の経営に必要な幅広い知識を用いて、経営コンサルティングをする資格であるということがわかった。私が求めていたものとこれほどまでに合う資格があることに、衝撃が走った。

（4）目標達成の手段として診断士資格をどのように活用するか

①試験勉強をどう活用するか

　試験勉強のうち、特に1次試験では幅広い領域で基礎知識を学べるため、大学で学んだことや会計士資格の勉強で学んだことを整理しつつ、新たに学ぶべき基礎知識のインプットのために活用することにした。

　人生ではじめて自分で道を切り開き始めたことと、合格を目指したのではなく、あくまで目的のための手段として試験勉強をとらえたことが要因となり、試験に合格することができた。

②診断士活動をどう活用するか

　公的機関での経営相談や民間のコンサルティング等、いろいろな場面で数多くの経営者と関わることができる機会を活用し、その経験の中で自分の支援可能な領域を広げていくことにした。

図表 1-1-3　目標達成への大まかなステップ

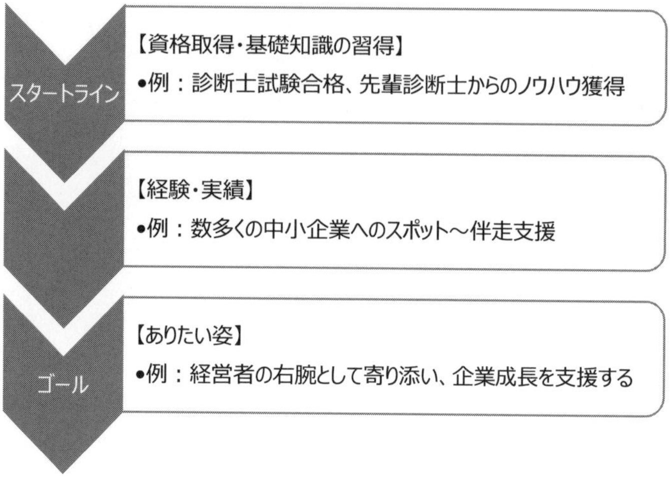

スタートライン	【資格取得・基礎知識の習得】 •例：診断士試験合格、先輩診断士からのノウハウ獲得
	【経験・実績】 •例：数多くの中小企業へのスポット～伴走支援
ゴール	【ありたい姿】 •例：経営者の右腕として寄り添い、企業成長を支援する

（5）診断士 1 年目の現状

　資格登録前の実務補習による経営診断や補助金申請支援を通して、中小企業の経営者がどのようなことに困っているのかを、少しずつ、つかむことができてきた。並行して、診断士が行う研究会やプロフェッショナルコンサルタント育成塾（通称、プロコン塾）に参加することで、診断士としての基礎を学んでいる。

　診断士以外では、診断士試験合格前に入社した企業で業務プロセスの改善・構築の提案や経営企画のような仕事を通し、診断士とは違う手段も模索しながら目標に近づこうとしている。診断士試験で学んだことが営業提案や顧客の課題解決、自社の付加価値となるサービスの構築等といったところで存分に活用できているので、本業での業務の質と診断士の知見を相互に高められるよう活動していきたい。

　今後は、診断士として経営者と関わる機会をより増やし、チャレンジし成長していくことで、「経営者の右腕として寄り添い、企業成長を支援する」という目標を達成したい。具体的には、スタートアップや創業支援を軸にして活動してい

きたい。既に、スタートアップ企業を支援している先輩診断士とともにアクセラレーターププログラムの支援者として動いており、そこで学びつつ、経験と実績も積んでいきたいと考えている。

　これから診断士になろうとしている方のほとんどが、少なからず今の自分を変えたくて挑戦を始めたと思う。そのような方々が、診断士を目指す動機を振り返るきっかけとなれば幸いである。また、診断士になった後、どのように道が開けていくのかというイメージをこの機会に具体的に持っていただき、試験勉強のモチベーション維持の糧にしていただきたい。

無計画か創発か？
私が診断士になった理由

（1）無計画か創発か？

　私は、大学で心理学を学んだ後に広告会社に入社し、以来ずっと同じ会社で文化事業の仕事に取り組んできた。30代のとき、働きながら夜間の大学で建築学を学び、1級建築士の資格を取得し、50代も後半になって経営について学び始め、中小企業診断士（以下、診断士）の資格を取得した。

　仕事に加えて、建築学、建築士、経営学、診断士と、はたからすれば行き当たりばったりに進んできたようにも見える。家族からも、「いったい、何がしたいんだ」とあきれられた。しかし、私は私なりに日々の仕事から発生したその時々の課題と興味に誠実に向き合い、取り組んできた。経営学の言葉を借りれば、「創発的」な選択の結果だと前向きにとらえたい。

　以下に、私の創発的な学びと資格との向き合い方についてご説明する。

（2）資格の価値

　私は、広告会社の中で文化事業を活用した企業のブランド戦略の立案、具体案の実行に従事している。このため、イベント制作の仕事も多く、自然と空間設計、建築学に興味を持つようになった。

①建築学を学ぶ

　30歳の時、私は働きながら建築を学べる夜間の大学に入学した。リスキリングという言葉もない時代だったが、大学にはさまざまな年齢や仕事を持つ同級生がいて、世の中が広がり、とても面白く学ぶことができた。建築業界で働くことに憧れはあったものの、実際に学んでみて、建築は素晴らしいが職業としての適

性は今の仕事にあると考え、建築学とのお付き合いはイベント業務で図面を見たり、施工管理をしたりする程度にとどまった。

②1級建築士試験に合格する

卒業後2年経ち、同級生が1級建築士試験を受験するというので、「じゃあ、私も」と予備校へ、試験へとついていった。結果としては合格したものの、日々の仕事で資格を必要とすることは特になく、免許申請の手続きも煩雑だったので、資格を取らないままになってしまった。

③1級建築士の免許を取る

試験合格から18年が経ったとき、会社の先輩から免許を取るよう助言を受け、遂に免許を取得し、名刺に1級建築士の肩書が入ることとなった。

④資格の価値を知る

その後、私は新しい名刺の効果に驚いた。名刺に1行肩書が加わっただけで、名刺交換時の会話も弾み、提案についても、より興味を持って聞いてもらえるようになった。

私は、資格に伴う責任と同時に、初対面の人との距離を近づけてくれる資格の価値に遅ればせながら気がついた。資格は、自分を新しい世界に連れていってくれるパスポートだ。そしてさらに、今の私によりフィットした資格を取りたいと思うようになった。

(3) 伝統工芸業界との出合い

①伝統工芸業界と出合う

私は、2年ほど前から伝統工芸を支援するプロジェクトに携わるようになり、伝統工芸は中小企業に担われていることを知った。大変恥ずかしいことであるが、その時まで私は、日本の企業の99.7%が中小企業である事実を知らなかった。

②伝統工芸産業の衰退

伝統工芸産業は衰退している。伝統工芸と一口にいっても、経済産業省が支援する「伝統的工芸品」、文化庁が支援する「伝統工芸」、各自治体が支援する地場

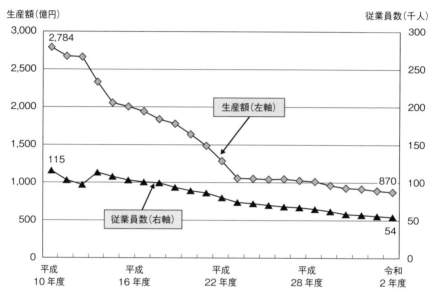

図表 1-2-1　伝統的工芸品の生産額・従業員数の推移

生産額（億円）

従業員数（千人）

2,784

115

生産額（左軸）

従業員数（右軸）

870

54

平成
10 年度　　　　平成
16 年度　　　　平成
22 年度　　　　平成
28 年度　　　　令和
2 年度

出典：一般財団法人伝統的工芸品産業振興協会

産業としての工芸品、どこの行政機関からも支援を受けていない独立した企業や個人による工芸とさまざまである。このため、伝統工芸の全貌を示すデータは存在しないが、経済産業省によれば、伝統的工芸品の市場規模はこの 20 年で 2,700 億円から 870 億円へと大幅に減少している（**図表 1-2-1**）。

　衰退の理由は、伝統工芸企業の多くが、ライフスタイルの変化や景気の後退に適応できていないためである。一方で、変革に成功し、海外へ、他分野との協業へと業務領域を広げている企業もある。

（4）中小企業について学びたい

①診断士という資格を知る

　私は、伝統工芸業界の状況を知り、これらは同じく日本社会が抱える問題であると感じた。大企業でも、良い伝統を持つがゆえに変革がうまくいかず悩む企業

は多い。長い歴史の中で練り上げられてきた強みを数多く持っているがために、強みの取捨選択が難しく、変革が進まないのである。

　私は、問題を乗り越えられた伝統工芸企業の変革を知ることは、他分野の中小企業や大企業が悩みを解決する際にも役に立つと思い、伝統工芸産業の問題を深く知り、変革事例から学びたいと考えた。そして、中小企業の経営について理解していないことには、この業界に話を聞くことも聞いてもらうこともできないだろうと感じた。まずは、中小企業と経営について学ぶ必要があると考えた。

　中小企業の経営についてどのように学ぼうかと考えていたとき、テレビのニュース番組で、中高年のリスキリングに人気の資格として診断士が紹介されており、この資格があることを知った。

②短期決戦を決意

　早速、試験勉強を通じて経済や経営学を学ぼうと考えたものの、それらをまったく学んだことがない私がついていけるだろうかと不安だった。そこで、資格試験と勉強法について調べてみた。資格の偏差値を紹介する記事で、診断士試験は一級建築士試験の難易度と同程度であると知り、偏差値算出の方法は不明であったものの、私にもできるかもしれないと勇気づけられた。

　私は、自分の決心が固いうちに、年度内で合格を目指そうと考えた。勉強方法、仕事との両立のしやすさを考慮し、通信講座の「スタディング」を受講した。やってみた結果、スマートフォンのアプリを使用する勉強方法は、仕事の合間の小間切れの時間を有効に活用でき、間違えた問題を繰り返し学べるため、私にはとても合っていると感じた。

③リスキリング支援

　最近は、行政や企業によるリスキリング支援も盛んである。厚生労働省の教育訓練給付金のように、資格取得のための講座受講でも対象となる補助金がある。私はこれに気づくのが遅く申請を逃したが、これから資格取得を目指す方は、各種制度の利用条件や手続きについてあらかじめ調べておくことをおすすめする。

（5）実務補習で知った診断士の仕事の面白さ

①当初の思惑

結果として、私は単年度で診断士試験に合格した。しかし、独立して診断士の仕事をしようという気持ちはなかった。会社の仕事は面白くやりがいもあるため、学んだ知識を日々の仕事に活かし、名刺に肩書を追加して、伝統工芸企業の皆さんに興味を持ってもらって会話を増やし、彼らの悩みの解決に少しでも役立つ人間になろうと考えていた。

②実務補習での出会い

試験合格後、診断士として登録されるためには、15日間の実務補習または診断実務への従事が必要となる。私は、15日間の実務補習を受けた。

事前に調べると、実務補習は6人程度のチームで、実際の企業の診断にあたるという。私でもついていけるだろうか、チームの皆さんに受け入れてもらえるだろうかと不安だった。

実務補習が始まると、当初抱いていた不安は徐々に面白さに変わっていった。指導員は診断士の先輩方でそろって人格者であり、指導の合間には診断士としての充実した仕事ぶりについてお話ししてくれた。同じ班のメンバーは、年齢も背景もさまざまで多様な知見を持っており、互いに遠慮なく意見交換ができた。診断先の経営者の皆さんも快く時間を割いてくださり、新米の私たちの改善提案をじっくりと聞いてくださった。提案の中には、すぐに取り入れていただけたものもあった。

実際に診断業務を体験してみた結果、私のような新米でも経営者と異なる視点から課題解決のヒントを提供することはできそうだと感じた。ヒントにピンと来て、決意した経営者の行動は速い。診断士の提案が、ダイレクトに企業の変革に反映されることもあるのだと実感した。

③診断士として働きたい

診断士の仕事の責任は重い。そして、やりがいがある。私も先輩方のようにもっと良い提案ができる人材となり、悩める経営者の壁打ち相手になってみたい

実務補習の仲間と指導員の先生方

と考えるようになった。私もいずれは会社を卒業する身であり、将来は本格的に診断士になりたいという目標がはっきりとしてきた。

（6）もっと日本の役に立つ

　以上のような経緯で、私は診断士になった。現在は、当初自分が思ってもいなかった場所へ連れていってくれる学びと資格の面白みを実感している。

　世界はますます複雑になり、企業を取り巻く環境は激しく変化している。私も同時代に生きる1人の人材として、もっと会社や社会の役に立ちたい。そのために、2つ目の資格で得た知恵といただいたご縁を大切に、診断士の学びと活動を続けていこうと考えている。

1-3

父親も **77** 歳で目指していた驚き

（1）父親が 77 歳で目指した診断士

①父親がくれた学習契機

　実家に 2 年ぶりに帰省した際、父親の書斎に試験対策の書籍が無造作に置かれていた。丁寧にマーカーで線が引かれ、学習に励んでいることは一目瞭然であった。私が中小企業診断士（以下、診断士）を目指した契機は、この光景を目の当たりにしたことである。

　父親の下で実家暮らしをする兄は、果敢にも小規模な事業を立ち上げることを繰り返してはいたが、お世辞にも順調とはいえない状況が続いていた。そんな状況を打開しようと、父親は診断士になって兄を支援しようとしていたようだ。

　私は幼少の頃、父親や兄と一緒に起業し、自身はその裏方を担当するという漠然とした家族経営の夢を想い描いていた。父親はとても活動的で勤勉家ではあったが、当時 77 歳という年齢でもあり、冗談のように家族内で話していた昔話を本気で実行しようとしていたとは、離れて生活している会社員の私には想像できない驚きであった。

②父親の挑戦とその難易度

　これといった資格を有しているわけでもなく、隠居生活を送っていた父親の挑戦はどのくらい難しいものなのだろうか。**図表 1-3-1** は、2018 年から 2023 年までの 1 次試験申込者の年代別人数を示しており、幅広い年代の方が目指すこの資格の特徴をよく表している。

　2022 年は申込者数 24,778 名のうち、70 歳以上は 143 名とわずか 0.6% に過ぎず、この年齢での診断士志望者は稀な存在であることがわかる。なお、2022 年

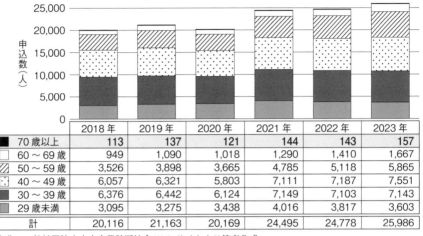

図表 1-3-1　1 次試験申込者の年代別内訳

	2018 年	2019 年	2020 年	2021 年	2022 年	2023 年
■ 70 歳以上	113	137	121	144	143	157
□ 60 ～ 69 歳	949	1,090	1,018	1,290	1,410	1,667
◪ 50 ～ 59 歳	3,526	3,898	3,665	4,785	5,118	5,865
⬚ 40 ～ 49 歳	6,057	6,321	5,803	7,111	7,187	7,551
■ 30 ～ 39 歳	6,376	6,442	6,124	7,149	7,103	7,143
■ 29 歳未満	3,095	3,275	3,438	4,016	3,817	3,603
計	20,116	21,163	20,169	24,495	24,778	25,986

出典：一般社団法人中小企業診断協会 Web サイトより筆者作成

における 70 歳以上の 2 次試験合格者は 2 名のみであった。志望するにも合格するにも狭き門であり、大変な挑戦だ。

（2）先輩診断士の受験動機

　中小企業診断協会（以下、診断協会）が 2020 年 11 月に実施した受験動機に関するアンケートによると、最も多い受験動機は、「経営全般の勉強等、自己啓発やスキルアップを図ることができるから」で、6 割を超えている（**図表 1-3-2**）。

　このアンケートによると、資格取得前の段階では具体的な活用イメージまで描けていないことも多く、自己啓発やスキルアップを図るチャンスととらえていることもうかがえる。また、多岐にわたる動機は、独占業務のない診断士の活動領域が広いことを示唆している。

　私もはじめは、資格の活用イメージを描けていなかった。学習を通じ、「父親の想いを引き継ぎ、兄の会社を支援したい」という想いに気がついた。このアンケートの選択肢の中では、「中小企業の経営診断・支援に従事したいと思ったか

図表1-3-2 登録診断士の受験動機アンケート結果

選択肢	回答数	構成比（%）
1. 経営全般の勉強等、自己啓発やスキルアップを図ることができるから	1,164	61.7
2. 中小企業の経営診断・支援に従事したいと思ったから	924	48.9
3. 経営コンサルタントとして独立したいと思ったから	628	33.3
4. 定年後に資格を活用したいと思ったから	595	31.5
5. 業務遂行上、資格を活用できるから	497	26.3
6. 経営コンサルタントとしての信用を高めるため	179	9.5
7. 転職等、就職の際に有利だから	175	9.3
8. 資格を持っていると優遇されるから	129	6.8
9. その他	44	2.3
	n＝1,888	

出典：企業診断ニュース別冊 Vol.17「中小企業診断士活動状況アンケート調査」より筆者作成

ら」が最も近いであろう。

（3）診断士受験を問題解決の糸口とした

①やりたい仕事を担当できない職場環境

　私はシステム会社でキャリアをスタートし、これまで培ったIT技術を各種金融機関に提供する活動を長年続けてきた。ただ、自身の所属する企業にその技術力と活力を集中させ、持続的な発展に寄与したいとの想いが年々強くなり、診断士を志す数年前に金融機関に転職した。

　当初は現場業務を遂行する"プレイヤー"として技術力を活かし、その想いの実現に向けて活動できていたが、会社方針の変更に伴い、管理業務の色合いが徐々に濃くなってきた。管理業務や後進育成は嫌いではなかったが、現場プレイヤーとしての活動に醍醐味や愉しさを見い出している私としては、少々窮屈な会社ライフを過ごしていた。

図表 1-3-3　ロジックツリーにみる私の問題とその要因

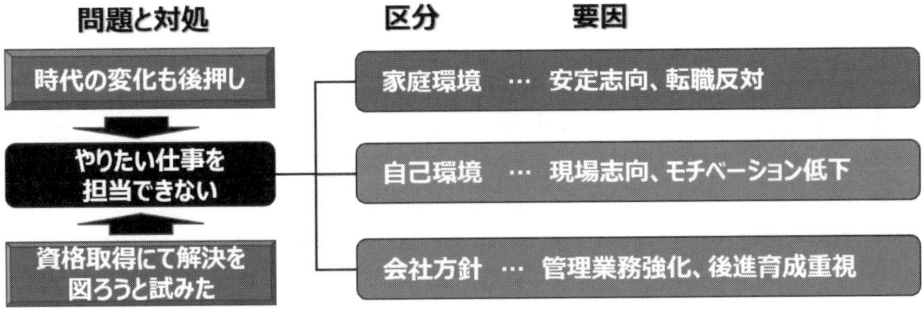

②資格取得にて問題解決を試みた

　このような状況の中で帰省した際に、前述の父親の挑戦を知ったのである。今振り返ると短絡的であったと思うが、気乗りしない環境でモヤモヤとくすぶっていた当時の私は、すぐに診断士資格の取得を目指すことを決めた。なぜならば、この資格を保有することで、「IT×経営コンサルタント」という自分の立ち位置を明確化し、職場内でプレイヤーとして印象づけることを強くイメージできたからである。

　そこで、気の早い私は、資格取得が現状から解放されるチャンスだと自らに言い聞かせ、十分なリサーチもせずに見切り発車したのである。

③時代の変化も後押し

　人口減少と高齢化の同時進行による社会の脆弱化が進み、人生100年時代に対する備えが求められ、さらにはDX推進やAI革命といった社会構造変化の波が矢継ぎ早に押し寄せている。保守的な金融機関も例外ではなく、リモートワークや働き方改革が進み、副業も解禁された。

　職業は常に1つという凝り固まった風潮も崩れ、足踏みばかりでなかなか行動に移せなかった私には、このような環境変化も決断を後押ししてくれた。きっかけをくれた父親の行動に、改めて感謝したい。

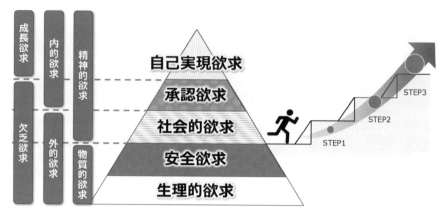

図表 1-3-4　マズローの欲求 5 段階説

成長欲求

内的欲求

精神的欲求

欠乏欲求

外的欲求

物質的欲求

自己実現欲求

承認欲求

社会的欲求

安全欲求

生理的欲求

STEP1
STEP2
STEP3

（4）欲求レベルを引き上げてくれた資格学習

　十分に吟味せず診断士を目指した私の欲求は、学習前後で大きく変化した。その移り変わりを、「マズローの欲求 5 段階説」を使って説明したい。

①学習前：社会的欲求の充足

　管理主体の業務が続く中で、入社当初の活力は影を潜め、会社方針に従い業務遂行しているのだが、あまり気乗りしていないためか、使命感や充実感が満たされていない日が続いていた。社会的欲求（社会から認められたいという欲求）を満たしてくれる何かが空から降ってくるのを待っていたように思う。

②学習中：承認欲求の充足

　診断士試験受験を決意した当初は、組織内で資格取得を通じてプレイヤーとしての価値を認めてもらいたい承認欲求（誰かから認められたいという欲求）を満たしたい気持ちに駆り立てられ学習に励んでいた。

　しかし、学習を続けていくにつれ、多くの合格者が体験談に記しているように、診断士の試験勉強は面白いと実感するようになった。資格取得という目標とのギャップを感じつつも、テーマによっては試験のレベル感を逸脱して理解を深めてしまう始末で、もはや自己承認欲求を満たすための学習に変わっていた。

③学習後：自己実現欲求

　診断協会に所属しその一歩を踏み出す頃には、多くの診断士仲間との出会いに恵まれた。フレッシュ診断士研究会もその1つである。メンバーは総じて志が高く、能動的である。はじめはその集団の特異さに違和感を覚えることもあったが、ともに学んでいく中で、やる気や活力をもらい、徐々に馴染んでいった。

　学習前は、会社という閉じた世界にはまり込んで身動きが取れずにいたが、何か解き放たれた感覚があった。窮屈に感じていた会社ライフも、プレイヤーの支援作業や技術交流会を自発的に行うなど、自らの行動により打開を試みるようになっていた。自己実現欲求（あるべき自分になりたいと願う欲求）が芽生え始めていたように思う。

（5）診断士になった今、思うこと

①入口にすぎない資格取得

　紆余曲折あり2023年に診断士登録に漕ぎつけたのだが、あくまで資格取得は入口にすぎないことを強く感じている。士業の1つである診断士であれば、資格取得後、すぐにでも経営コンサルタントの道が開けているものだと勝手ながら思い込んでいた。

　実務補習では、80歳を超えるベテラン指導員の人間的魅力や現場力の前に赤子同然の診断助言をするにとどまった。多くの人は私のように壁にぶつかり、スキルアップや人脈形成を図りながら道を駆け上がっていく。

②自由闊達なベテラン診断士

　父親のように70歳を超えて資格取得を目指すのは大変な挑戦だが、一方で70歳を超えて活躍されている診断士は驚くほど多い。自己実現ばかりか、他者や社会に役立つために日々精進している方も多く、定年などの凝り固まった概念にも縛られていない。もはや独占領域のない"診断士"という形のない生き方を楽しんでいるようにさえ感じる。

③人生100年時代とロールモデル

人生100年時代は、不透明で常に世の中が変化し、何が正しいかも曖昧でわからないVUCAの時代ともいわれる。「生き残るのは変化に適応したものである」というダーウィンの言葉が試されているのかもしれない。

幸い、ロールモデルといえる魅力的なベテラン診断士や志が高い仲間に囲まれた素晴らしい一歩を踏み出せている。求めれば求めるだけ新しい出合いや挑戦の場が待ち受けており、より高いステージへと引き上げてくれる。

④幼少期の夢とその続き

足元では会社員として、管理業務にとどまらずプレイヤー業務にもチャレンジし、診断士としては兄の会社を軌道に乗せることで幼少期の夢を叶えつつ、家庭とのバランスを保ちながら活躍の場を広げていきたい。

そして、近い将来、診断業務を軸足としたステージにポジティブに変化し、他者や社会の役に立てる"診断士"という生き方を楽しめるよう、人生を欲張りながら過ごしたいと思う。

1-4
ライフシフトによる
マルチステージの実践

(1) 四十にして惑いに惑った

①充実した会社員時代

　私は大学を卒業後、損害保険会社に入社した。多くの先輩が活躍する憧れの会社であり、最終的に21年間勤務し、ずっと営業畑を歩いてきた。大企業、中小企業、官公庁、金融機関、新車ディーラー、個人マーケットと幅広く営業現場を経験した。

　保険代理店と強固なパートナーシップを築き、一体となって、お客さまに最適なプランを提案する。そして、お客さまから感謝され、ご契約をいただき、いざというときにお役に立つ。これが、仕事の醍醐味の1つである。苦労もあったが、充実した日々を送ることができた。

②社会人としての岐路

　20代はがむしゃらに働き、30代は自信を持って働いた。40代になる頃には、支社長にも昇進できた。一方、仕事の成功とは裏腹に、おぼろげな不安を感じるようになった。50代半ばで早世した両親の影響もある。人生の折り返し地点を迎え、来た道をこのまま進むべきか、それとも別の道を行くべきか、そんな思いが湧いてくるようになった。

(2) 保険屋が保険をかけずに退職

①退路を断って退職を決意

　会社には感謝しており、不満はなかった。会社も仲間も好きだったし、充実した会社員人生を送れたため、それまで私は転職というキャリアチェンジの選択肢

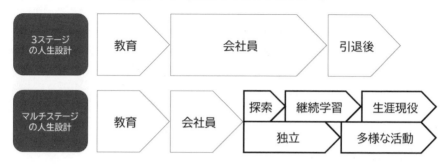

図表 1-4-1　私のライフシフトのイメージ

を考えなかった。

　悩みに悩んだが、決断するなら若い方がいい。退路を断ち、退職した上で今後の人生を考え直そう。在職中に次の準備を行うのが一般的かもしれないが、一本気な私は、会社員人生はそれとしてやり切り、けじめをつけて次の道を選びたかった。2022 年 3 月末に退職し、新たな道を歩む決意をした。

②今後の人生を見つめ直す

　自分は何がしたいのか、何ができるのか、何が求められているのかを考えた。思考の整理として、ライフシフト（リンダ・グラットン氏らが提唱する人生 100 年時代の人生戦略）の考え方が参考になった。今までの私は、大学卒業後、会社に就職し、定年を迎えるまで勤め上げるつもりであった。3 ステージの人生設計である。

　これからはマルチステージの人生設計を思い描き、自分の本心を見つめ直すために探索期間を設けた。会社員には戻らず、独立の道を歩むことを決め、何を目指すのかをじっくりと考えた。専門知識を身につけ、継続学習で能力を高め、一生涯の仕事にできるものはないかと探索した。過去の経験を活かしつつ、新たな取り組みに挑戦し、多様な活動に参加したいと考えた。

図表 1-4-2　診断士試験受験に至る経緯

（3）暗がりの先に見えた光

①もう一度、診断士に挑戦しよう

考えを巡らせていると、私は20代後半から経営学に興味を持ち、書籍に学ぶことが好きだったことを思い出した。勤務先のMBA留学プログラムに応募したこともあったが、夢は叶わなかった。そこで、2010年に、国内MBA資格ともいえる中小企業診断士（以下、診断士）の受験に挑んだのだ。

当時、32歳であった私は本気で挑戦し、1次試験は1回で合格したものの、2次試験は不合格に終わった。翌2011年、業務多忙と人事異動が重なり、ほぼ記念受験の状態で2次試験に挑んだが不合格であった。それ以降、再受験はしなかった。そして2022年、会社を退職した今であれば受験勉強に集中できる。もう一度、診断士試験に挑戦しようと考えるに至った。

②診断士は希望の光

マルチステージの人生設計を決意したものの、何をすべきか悩み、自分を見失いかけ、途方に暮れていた私にとって、診断士試験は希望の光であった。診断士は、努力と実力次第で何歳になっても活躍することができる。私は、第二の人生として、そのような仕事に就きたいと願うようになっていた。診断士は私の仕事

観とも一致する。診断士になると決め、受験勉強に専念した結果、願いが叶い、今回はストレートで合格を勝ち取ることができた。

（4）資格を取得しただけでは霧の中

①診断士の世界に足を踏み出す

口述試験が終了すると、間もなく実務補習が開始される。私は15日間コースに申し込んだ。指導員、副指導員の先生にご指導をいただき、6名の同期合格者とともに企業3社を訪問し、経営診断報告書を作成した。経営者に直接提案する機会をいただき、診断士の世界に一歩足を踏み入れたと実感した。素晴らしい先輩診断士や、切磋琢磨できる同期と出会うことができた。

②診断士として何ができるのか

実務補習を経て診断士の登録申請書を提出しても、登録完了は翌々月まで待たなければならない。まだ診断士とは名乗れないが、身につけた知識を早く実践に活かしたいと考え、私はインターネットで募集しているスポットのコンサル案件等に数多く申し込んだ。

難関資格に合格できた実績があるし、履歴書だって悪くないはず、きっと案件を獲得できるだろうと思っていた。しかし、現実は厳しく、残念ながら1つの案件も獲得することはできなかった。

「あなたの得意分野は？」、「実務の経験は？」と問われても、何も答えられなかった。診断士試験受験前の振り出しに戻ってしまったのだ。コンサルタントとして実務経験のない私は、1人では何もできないのだろうか、世の中に求められていないのだろうか……。挫折を味わい、自らに問いかけた。しかし、診断士としてはゼロからの出発だから当たり前だと、前向きに考え直し、勉強の場と仲間を求めて東京都中小企業診断士協会（以下、東京協会）に入会し、活動に参加することを決めた。

図表 1-4-3　私が参加した東京協会中央支部の活動

部会	東京協会中央支部　会員部
研究会	フレッシュ診断士研究会
研究会	経営革新計画・実践支援研究会
研究会	士業＆コンサル　コンテンツマーケティング研究会
マスターコース	売れる！人気プロ研修講師・コンサルタント養成講座
マスターコース	pwmc パラレルワークマスターコース
区会	特定非営利活動法人　東京都港区中小企業経営支援協会
区会	特定非営利活動法人　文京区中小企業経営協会

(5) 資格を活かして飛び込む

①多くの機会に自分を連れ出す

　春に行われた東京協会等が主催する新入会員向けのイベントや、個別に開催されたセミナー・相談会に参加した。なるべく多くの先輩診断士のお話をうかがい、自分の活動拠点を探そうと考えた。自分自身が積極的に動かなければチャンスは訪れない。そして、部会1つ、研究会3つ、マスターコース2つ、区会2つに参加することを決めた（図表1-4-3）。

②チャンスの女神は前髪しかない

　フレッシュ診断士研究会で小林先生から教えていただいた言葉である。まさにその通りで、協会活動もただ参加するだけではもったいない。フレッシュ診断士研究会では、幹事役に手を挙げた。会員部では、すべての行事に参加したいと手を挙げた。できることは何でもやってみる。数多くの機会に自分を連れ出し、多くの諸先輩や同期の仲間たちと出会い、語らい、輪をつくることを意識した。

(6) 末永く活動していきたい

①わが道を探して歩む

　診断士として、どのような道を進んだらいいのか。最初の3年間は診断士の業

図表 1-4-4 私が取り組んだ業務

診る
・経営顧問契約
・経営相談業務
・各種事務局業務
・人事アセスメント

書く
・書籍やコラムの執筆
・補助金申請支援
・研修テキスト執筆
・受験テキスト執筆

話す
・研修会社講師
・受験予備校講師
・区会等での講演
・研究会等での発表

務である「診る、書く、話す」に幅広くチャレンジしよう。それぞれの業務に真剣に取り組み、その上で自分の得意分野を発見していこうと考えた。

協会活動で知り合った先輩や同期から声をかけてもらったり、インターネットで募集している案件に自ら応募したりと、仕事の場を求めて動いた。ご縁をいただき、少しずつだが、「診る、書く、話す」の3つの業務に巡り合うことができた。決して順風満帆ではないが、経験を積むことを最優先にして取り組んだ。

②生きがいを求めて挑戦する

診断士としてまだスタートを切ったばかりではあるが、診断士の世界には自分の経験を活かせる場があると感じている。日々の勉強は欠かせないが、自分自身がレベルアップすることで、お客さまや仕事仲間への価値提供につながる。人と人をつなぎ、信頼関係を構築し、お客さまに最適解を提案するという会社員時代に感じた仕事のやりがいを、診断士の活動でも実感できる。まさに、生きがいになり得る仕事だ。

以上が、私が診断士を目指した動機であり、マルチステージの人生の途中経過である。人生のターニングポイントを迎えている読者の皆さまに、少しでも参考になったなら幸いである。

1-5
二刀流の挑戦：「診断士×司法書士」の シナジーを目指して

（1）ダブルライセンスのすすめ

「士業」とは、○○士という資格を持つ人たちの俗称で、「しぎょう」や「さむらいぎょう」と呼ばれる。士業の中でも、資格を複数保持して仕事の幅を広げる二刀流の働き方、いわゆるダブルライセンスが広がりつつある。

もちろん、資格を複数持っているだけで仕事が舞い込んでくることはない。本業となる資格と掛け合わせることで差別化し、広く、より深くクライアントのニーズに応えることができるよう、シナジー（相乗効果）が見込める資格を持つという発想が重要だ。

その点、中小企業診断士（以下、診断士）はダブルライセンスに最適である。ここでは、既に士業として活躍されている方こそ診断士を目指すべき理由と魅力をお伝えしたいと思う。

（2）「診断士×司法書士」に至るまでの道のり
①ブラック企業から脱出し、司法書士へ

多くのベンチャー企業経営者が時代の寵児として脚光を浴びていた2004年、大手企業の内定を蹴り、意気揚々とベンチャー企業に飛び込んだ。それが、私の社会人キャリアのスタートだ。そこでは、営業をはじめ、ウェブサイトの企画・運営、新規事業の立ち上げからバックオフィス業務まで、がむしゃらに業務をこなしたが、ブラックな環境の中で日に日に心身を削られていった。

何とかこの苦境を脱するべく手に職をつけようと一念発起し、法律知識ゼロから4度目のチャレンジで司法書士の合格を果たす。しかしながらその直後、リー

マン・ショックに見舞われ、転職先の内定取消し、会社が倒産寸前となり失職、失意の中のインド放浪と紆余曲折を経て、ようやく司法書士としてのキャリアをスタートさせた。

②現状へのもどかしさ、そして診断士資格との出合い

司法書士として活動を始めて10年超、会社の設立から清算、資金調達、M&Aなど、企業法務・商業登記を中心に全力で業務に取り組んできた。仕事内容や職場環境には一切不満はなかったが、この分野で自分は十分やっていけるなと思った瞬間、日々の業務がマンネリ化し、モチベーションは薄れ、成長を実感できないもどかしさが募った。

そんな折、偶然参加した2019年度の「中小企業経営シンポジウム」で、診断士の存在と活躍にはじめて触れた。その年のテーマは、「新時代を切り開く経営革新」。実践的な中小企業支援の事例が次々と披露され、私はその瞬間に魅了された。現状打破のカギがここにあったのだと、そのときの興奮は今でも鮮明に覚えている。それから3年の時を経て、2022年、新たな高みを目指して「診断士×司法書士」の第一歩を踏み出したのである。

図表 1-5-1　私の人生グラフ（ライフマップ）

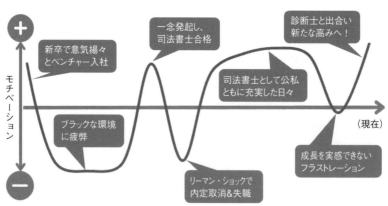

（3）診断士を志した背景
①ビジネスの共通言語としての「経営知識」

　現状打破のカギとして診断士を志した背景には、次の2つの理由がある。

　まず1つ目は、ビジネスの共通言語である経営の知識を身につけたいという欲求である。以前、会社のビジネスモデルや事業内容、社長や経営幹部が当たり前に使うビジネス用語の理解も不十分なまま、法的側面のみにフォーカスして、実際のビジネス視点からは的外れな助言をしてしまうことがあった。これはまずいと感じ、ビジネス書や著名経営者の自伝など関連書籍を読み漁ると、経営に対する興味が一気に湧き上がった。それからは、もっと体系的に学びたい、そして、単に知識を得るだけでなく、自分の理解を整理し形に残したいという思いが芽生え、ちょうどその頃、診断士という資格に出合い、受験を決意するに至った。

②意思決定の「その前」に

　司法書士と聞くと、登記を行う専門家というのが一般的な認識ではないだろうか。または、資格は知っているけれども、実際は何をしている人かわからないという方も多いだろう。司法書士というのは、人生の重要な局面である不動産の取引や相続、会社が重要な意思決定を行う際の法的手続きの最後のプロセスに登場することが多い。野球でたとえるなら、抑えのような存在だ。最後の9回に出てきて、ミスなくきっちり0点で締める。

　私は企業法務・商業登記を中心に携わっているが、依頼が持ち込まれる時点で、既に会社の意思決定はほぼ終わっていることがほとんどだ。しかし、たとえば、経営者の引退を理由に廃業を選択した会社の解散登記の依頼を受けたとき、果たして廃業という選択がその会社にとって最適だったのか疑問に感じることがある。最終的に登記が完了すれば手続きは終わるが、本当に重要なのは、その結論に至る前の段階だったのではないかと。そんなとき、診断士の資格が信用、説得力となって、クライアントが抱える課題により深く関わり、持続的な支援を提供できるのではないかと考えたのである。それが、診断士を志した2つ目の理由だ。

（4）診断士とのダブルライセンスの有効性

　人材をタイプ分けする場合に、I型・一型・T型という表現が使われることがある。

　I型人材というのは、特定の専門分野を深掘りしているスペシャリストのことで、縦棒の長さがその専門的知見の深さを示す。他方、一型人材は、幅広い知見や多様なスキルを持つゼネラリストで、横棒の長さがその知見の広さを示している。そして、I型人材の専門性と一型人材の多角的なスキルを掛け合わせたのがT型人材だ。

　いうまでもなく、多くの士業の方々は、その専門性を重視するためI型人材に分類される。縦棒をひたすら伸ばし続ければ、ニッチ市場におけるリーダーとして、確かな存在感を示しつつ十分に生き残っていけるだろう。

　ただ、現代は多様化、複雑化が進み、市場競争も一段と激しさを増している。このような状況下で、専門家といわれる士業も競争優位性を高めるためには、T型人材のように、「スペシャリスト×ゼネラリスト」の二刀流の要素を備えることが重要なのではないだろうか。その点、経営のゼネラリストである診断士の要素は、I型人材（スペシャリスト）の方々の有力な武器になると信じている。

図表 1-5-2　人材の型

（5）診断士になることで得られた３つのメリット

　診断士になって、特に良かったなと実感することは、①思考の幅の拡張、②診断士同士の多様な人的ネットワーク、③豊富な学びの場、の３点だ。

①思考の幅の拡張

　仕事柄、具体的事実を適用されるべき法規範（ルール）に当てはめて結論を導き出す法的３段論法に代表されるような演繹法的なアプローチには慣れ親しんでいるものの、逆にその思考のクセがしっかり染み付いてしまっていて、帰納法などの他の方法を積極的に活用することはあまりなかった。

　診断士の場合、試験問題から多様な思考力が試される。２次試験では、無数の事実の中からもれなくダブりなく正確な答えを導き出し、ときにはアイデアを発散させながら事例企業に沿った課題解決策へ落とし込む必要がある。問題を解くたびに頭はフル稼働で時折オーバーヒート寸前になるが、この反復練習によって、以前よりも多少は柔軟な発想が身についたと実感している。

②診断士同士の多様な人的ネットワーク

　別の士業から診断士に仲間入りして特に実感するのが、その人的ネットワークの強さである。診断士は、企業内の方、経営者の方、独立している方、支援機関の方など、皆さん、さまざまな形で活躍されている。また、財務やマーケティング、IT、生産管理など、それぞれの得意分野は多岐にわたる。

　そんな診断士が集まると、診断士という共通項を持ちながら、多様性のある人的ネットワークができ、普段の業務ではほぼ出会うことがないであろう方々と協働できる点が非常に面白いと感じている。

③豊富な学びの場

　東京都中小企業診断士協会では、研究会やプロフェッショナルコンサルタント養成塾（通称、プロコン塾）など、さまざまな分野から集まった仲間と研鑽できる貴重な場を数多く提供している。私もいくつかの研究会やプロコン塾に所属しており、経営者からのリアルな声を聞き、先輩診断士の支援事例を学び、また、ときにはセミナー講師として自らの経験を発表する機会もある。こうした活動を

図表 1-5-3 「診断士×司法書士」による中小企業支援内容

ステージ	従来の司法書士ができる業務	診断士によるシナジー業務
創業期	■ 定款の作成 ■ 会社設立	■ 事業計画の策定・実行支援 ■ 創業融資の調達支援
成長期	■ 増資手続き ■ 融資に基づく担保権設定登記	■ 融資申請の支援 ■ 補助金活用時の申請支援
成熟期	■ 役員・機関の変更 ■ 株主総会の実行支援	■ マーケティング戦略の策定支援 ■ 採用や人材育成の支援
変革期	■ 定款・役員体制の見直し ■ 合併、会社分割、株式交換、株式移転、事業譲渡等の組織再編手続き	■ スキームの策定支援 ■ プロジェクトマネジメントの支援 ■ PMI の支援
衰退期	■ 解散・清算手続き ■ 株式譲渡（経営権の委譲） ■ 経営者の遺言書作成	■ ビジネスデューディリジェンスの実施 ■ 事業再生計画・事業承継計画の策定・実行支援

通じて、自己の成長を日々実感できている。

さらに、診断士たる前に、一社会人として不可欠な「診る、書く、話す、聴く・訊く」という基本的スキルを徹底的に学び直す機会も多い。そうした機会をこの年になって改めて得られたことは、非常に貴重な経験であった。

（6）私が目指す道

これから私が目指す道は、従来の司法書士業務の枠を越え、法務を軸にした経営支援である。これまで司法書士として、創業期から衰退期まで、会社のライフサイクルにおける各ステージで法務ニーズに応えてきた。

これからは、診断士資格とのシナジーによって、会社の将来ビジョンを見据えながら、予測される法的リスクを先んじて解決し、中小企業の長期的な成功を支えるための包括的なサービスを提供していきたい。

第2章

私はこうして
1次試験に合格した

2-1
独学でストレート合格を
果たした私の勉強法

（1）学習スケジュール

大学卒業後、新卒で会社に入社すると同時に、中小企業診断士（以下、診断士）という資格を知り、2020年5月から勉強を開始した。インターネットで調べてみると、どうやら合格までには1,000時間近くの学習が必要らしく、2021年8月の1次試験合格を目標に学習を進めていく計画を立てた。

①学習開始から独学ストレート合格達成まで

勉強を開始した2020年5月から1次試験日の2021年8月までの学習スケジュールは、**図表2-1-1**の通りである。暗記科目は勉強時期の後半に回し、前半で理解に時間を要する科目を中心に学習した。途中、日商簿記2級を本業の関係で取得しており、診断士の勉強を中断しているが、その期間以外は、ほぼ毎日、診断士試験の学習に時間を割いていた。

なお、日商簿記2級の学習は、診断士試験の学習を進める上で、非常に役に立った。

②平日と休日それぞれの勉強ボリューム

学習にあてられるのは、平日の6〜8時と21〜23時、あとは、仕事がない休日に時間を捻出する必要があった。平均すると、平日は約2〜3時間、休日は5〜8時間ほど継続的に勉強を行い、結果的に1次試験合格まで、800時間ほどの勉強時間を要した。

③1年半計画で合格を目指す方へのおすすめ学習スケジュール

私のように学習開始から最初の試験日までに1年以上の期間がある方には、**図表2-1-2**のような受験プランをおすすめしたい。

図表 2-1-1　受験当時の学習スケジュール

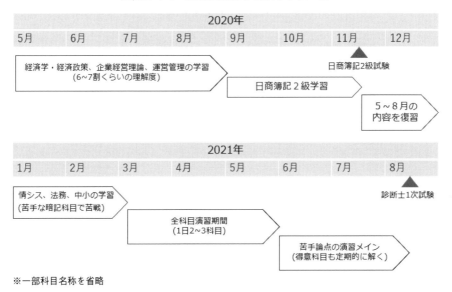

※一部科目名称を省略

図表 2-1-2　おすすめの学習スケジュール

※一部科目名称を省略

　１次試験には科目合格制度が設けられているため、その制度を活かした受験プランとなっている。具体的には、２次試験との関わりが少ない科目は事前に合格しておき、２次試験に関わってくる科目は翌年度（２次試験受験と同年度）に集中的に取り組むことで、効率的に学習を進められる。

(2) 2次試験を意識した学習法

　2次試験では、1次試験の科目のうち、「企業経営理論」、「財務・会計」、「運営管理」の3つと関連が深い。1次試験合格後に2次試験があることや、1次試験から2次試験までの期間が短いことを踏まえると、この3科目については、深い理解を得た状態で1次試験に合格するのが望ましい。

①全科目合格点に達する必要はない

　1次試験の合格基準として、7科目合計で420点以上、かつ40点未満の科目がないことが挙げられる。合計点ばかりに着目すると、各科目60点以上が必要と感じられるが、必ずしも全科目60点以上を取る必要はない。すべて合格点を取りにいく必要がないと割り切ることができれば、勉強方法や各科目の勉強量の比重も変わってくる。

②2次試験を見据え、1次試験の得点イメージを決めておく

　2次試験と関連の深い科目を把握した上で、本番当日の得点イメージを決めておくことは重要である。具体的なイメージを持つことで、勉強時間や理解度の深さなどのメリハリがつけやすくなる。

　私の場合、図表2-1-3のような本番の得点イメージを描いていた。実際の点数とは差異が生じたものの、あらかじめ得点イメージを描いたことで、どの科目

図表2-1-3　受験当時の得点イメージと実際の得点

	A	B	C	D	E	F	G	合計
想定	70	80	75	70	50	60	55	460
実際	72	72	75	64	60	60	65	468

A：経済学・経済政策　　E：経営法務
B：財務・会計　　　　　F：経営情報システム
C：企業経営理論　　　　G：中小企業経営・中小企業政策
D：運営管理

52

に力を入れるべきかが明確になり、全科目高得点を取らなくてもいいという精神的な余裕も持つことができた。

(3) 過去問によるアウトプット中心の学習

受験時代を振り返って、独学ストレートで合格することができた要因として、アウトプット中心の学習を取り入れたことがかなり大きい。また、その中でも、過去問という良書を活用して学習を進められたことも大きな要因である。

①独学受験生が過去問をフル活用すべき理由

a. 重要論点の把握

独学受験生の弱みとして、予備校生に比べて試験に関する情報が得にくいことがある。そのため、どの論点が重要かわからず、参考書を端から端までインプットする力技に陥りやすい。その点、過去問を活用すると、毎年問われる論点や、参考書には記載されているが本番の試験での出題頻度が低い論点等が明確になってくる。

b. 過去問を実力試しだけに使うのはもったいない

過去問は、実力試しに活用されることが多い印象がある。しかし、その活用方法のみではもったいない。過去問は解説の内容も参考書に記載されているものと遜色なく、問題の難易度に関しても本番と同レベルであるため、問題集として活用するには最高の良書である。

私の場合、勉強時間のうち8～9割は過去問に時間を割き、詳しく理解したい部分だけ参考書やネット検索で理解を深め、アウトプットの量を多くすることを意識していた。

②アウトプット→インプットで効率性を高める

効率よく学習を進める上で、図表2-1-4の②のパターンのような学習方法を意識した。具体的には、学習序盤から意識的にアウトプットを行い、自分の苦手論点や頻出論点を把握した上で、必要な情報のみを重点的にインプットする方法である。

図表 2-1-4　効率的な学習法

①インプット→アウトプット

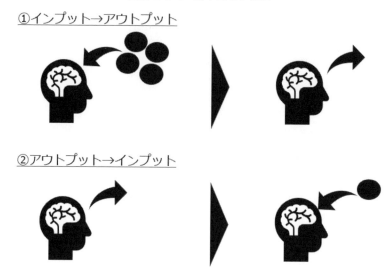

②アウトプット→インプット

　メリットとして、余計なインプットを減らせることや、頻出論点を中心に学習
できることがある。時間が限られた中で効率的に学習を進める上で、実施して良
かった学習方法である。

（4）TODO リストの作成で学習効率を上げる

　学習を継続し合格に至るまでに、楽しさや効率性を取り入れることは非常に重
要である。モチベーションを高く持ち、質の良い学習をするべきであるし、一度
学習した論点は、可能な限り記憶に定着させたい。

　私にとって、TODO リストの作成は最強の学習補助ツールであった。A4 用紙
にその日の TODO を書き出すひと手間で得られる効果は大きい。

①TODO リストを作成することによるメリット

　TODO リストを作成すると、その日に学習すべき内容や範囲が可視化され、
机に座ったら迷いなく学習を始められるメリットがある。机に座ってから、どの

図表 2-1-5　TODO リストの作成イメージ

```
2024年 4月2日(火)

→昨日の演習問題の見直し

→企業経営理論(過去問) p2～p40

・運営管理(過去問) p30～p55

・財務・会計(過去問) p33～p60
```

科目を学習しようかと考え、その場の気分で学習に取りかかることがあるが、こういったことを TODO リストの作成により防ぐことができる。

　また、TODO リストを作成して、自分で決めたその日の TODO を消化することで、1つずつノルマをクリアしていく達成感を味わうことができる。こういったゲーム性を持たせることがモチベーション維持につながり、小さなノルマの達成を積み重ねることで受験当日の自信にもつながる。

②TODO リストの具体的作成法

　私が実際に作成していた TODO リストのイメージを、**図表 2-1-5** に紹介する。前日の寝る前、もしくは当日の朝に TODO リストを作成し、学習内容を明確にしていた。

　また、TODO リストを作成する上で意識していたことは、1つの TODO を1時間以内に収めることである。個人差はあるが、1つの TODO を消化するのに1時間以上かけてしまうと、学習に対する心理的なハードルが上がり、リズム良く TODO を消化する面白さが損なわれてしまう。そのため、適度な時間で TODO を設定し、消化していく回数を増やすことを意識した。

2-2
演習分析と多様な手法の活用による「自分流合格レシピ」で独学合格

　資格の予備校に授業料を払っても通い続けられるか不安、ライフスタイルに通学を入れにくい、そのような方に向けて、オンライン通信講座＋受験支援団体のサービス＋書籍を活用して合格する秘訣をご紹介する。

（1）オンライン通信講座って実際どうなの？

　私の場合、勤務先や自宅の最寄り駅に予備校はない。さらに、通勤に片道２時間かかるという生活をしているので、通学を織り込む余裕はほとんどないと予想した。

①選択の経緯

　もともと、他力で集中できるタイプではないので、「独学」、「ストレート合格」を方針として、体験談を読みあさった。その結果、以下の３点にメリットを感じてオンライン通信講座を選ぶことにした。

・実際、オンライン通信講座でストレート合格した人がいる。

・本を買い集めなくてもすむ。

・わからないことがあれば質問できる。

②合格に結びついた要素

実際に利用してみて、個人的な感想は、次のとおりである。

【良かった点】

・本番フォーマットの過去問と解説が６年分ついてくる。

・３年間有効で、情報は更新される。

・テキストは素晴らしくわかりやすいわけではないが、その分、自分で調べた

りして理解が深まった。

【自分には合わなかった点】

・講義動画はスマホでも見られるようになっているが、相性が合わず、数時間で視聴をやめた。

・メールで質問することもできるが、回答に数日かかったので、1回質問した後は利用しなかった。

(2) 寄り道しなければストレート合格？

　独学だと合格までに時間がかかるのではないかとご心配の方も多いのではないだろうか。私が実質かかったのは約1年半。迷走して寄り道しなければ、ストレート合格も可能だったかもしれない。

　図表2-2-1に、合格までの全体ロードマップをご紹介する。1次を2回、2次を1回受験したが、大きくは3つの段階を踏んでいた。

図表2-2-1　全体ロードマップ

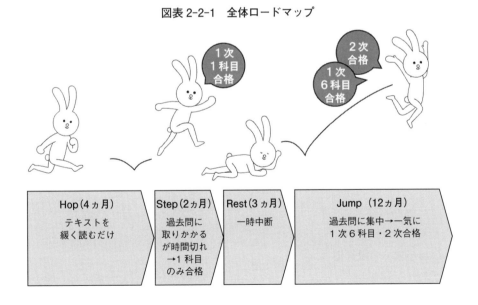

・第1段階（Hop）…テキストを読むことに時間を費やしてしまう

・第2段階（Step）…過去問に取りかかるが時間切れ

・第3段階（Jump）…過去問に集中する

振り返ると、このうち第1段階はなくてもよかった。

（3）過去問演習というエンジンをかけ遅れた1回目

約4ヵ月、緩くテキストを読むことに費やしてしまったが、当然、テキストを読んだだけでは内容が頭に定着しない。過去問演習に取りかかる頃には受験まで2ヵ月余りしかなくなっていた。過去問を解くと、自分の課題が明確になる上、問題の傾向も実感できる。やはり、過去問演習こそ推進エンジンだと再認識した。

2ヵ月余りでは1回も演習できなかった科目があり、2回演習してもよく間違う部分を復習する時間も取れず、ただ回数をこなしている状態であった。理解度はまったく深まらず、結果は「経営情報システム」のみの科目合格だった。

（4）合格の方程式を取り戻した2回目

惨敗した1回目の結果を受けて、過去問集中という王道に戻る方針を立てながら、再度、独学で合格するアプローチについて情報収集・検討した。対策したのは、主に**図表2-2-2**に示した6点である。

次は、それぞれの対策について具体的にご紹介する。

①過去問演習実績の記録と分析

過去問は年度ごとに演習結果をレーダーチャート化し（**図表2-2-3**）、自分の得意科目と不得意科目、各科目で狙える得点を明確化していった。その結果をもとに、不得意科目を得意科目でどうカバーするか合格に必要な点数配分を設定し、目標の実現度を常に計っていた。

②苦手部分の視覚化

これは1回目のときからやっていたことだが、過去問の演習結果は過去問内に

図表 2-2-2　重点課題と対策

課題	対策
科目の得手不得手を考えて科目別目標設定	過去問の演習実績をレーダーチャート化して分析し、科目別目標点数設定
苦手部分を明確化	通信講座テキストに演習結果を書き込んで苦手部分を視覚化
不得手分野の補強	『過去問完全マスター』(同友館)をスポット利用
テキストでは理解しにくい部分の理解度向上	「中小企業診断士試験 一発合格道場」(以下、「一発合格道場」)の解説や解法を参考
ファイナルペーパー*作成の省力化と携帯性向上	『中小企業診断士一発合格まとめシート』(エイチス;以下、『まとめシート』)に任せる戦術に変更
暗記対策・隙間時間活用	スマホの暗記アプリ「Anki」と先達が考えた語呂合わせ案の活用

＊ファイナルペーパー：試験当日直前まで確認できるように簡潔にまとめたメモ

図表 2-2-3　過去問演習の実績グラフ

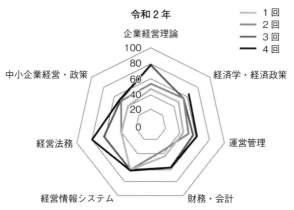

令和2年

凡例：1回　2回　3回　4回

企業経営理論
100
80
60
40
20
0

中小企業経営・政策
経済学・経済政策
運営管理
財務・会計
経営情報システム
経営法務

図表 2-2-4　過去問演習の結果管理のイメージ

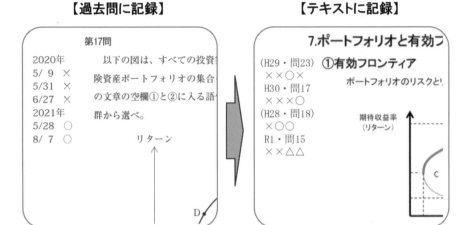

出典：平成 30 年度 1 次試験問題、診断士ゼミナール「財務・会計」（2020 年度版）テキストより引用

記録するだけでなく、テキストの方にも記録するようにしていた（図表 2-2-4）。

　選んだ選択肢だけでなく、迷った選択肢も対象に、合っていても間違っていてもテキストの該当部分を探して記録していく。こうすることで、嫌でもテキストの構成が頭に入ってきて、内容も読むことになる。また、自分の苦手部分が把握できる、近年の出題傾向が見えてくる、などの効果もあった。

③『過去問完全マスター』のスポット利用

　「財務・会計」は訓練が必要な科目である。また、「企業経営理論」の経営戦略パートの問題文はどうも頭にスッと入って来ず、解答に時間がかかる傾向があった。1 次試験では考え込んでいる時間はないので、この 2 科目は、瞬発力を上げるために、『過去問完全マスター』で集中的に身につけた。

④「一発合格道場」の解説や解法を参考

　テキストの説明では腹落ちしないこともある。そういうときは、主に受験支援団体「一発合格道場（https://rmc-oden.com/blog/）」の解説や解法で自分に合

いそうなものを探して、参考にするようにしていた。

⑤『まとめシート』に任せる戦術

　１回目の受験当日、「②苦手部分の視覚化」で書きこんだテキストを持参したのだが、留意点がまとまっていないので見返す箇所も定まらず、荷物が重くなって疲れただけだった。

　その反省から、２回目の受験に向けてファイナルペーパーを作り始めたものの、苦手部分のまとめに時間を費やし、簡潔さも失われてきてしまった。

　結局、ファイナルペーパーは『まとめシート』に任せることにして、不得手部分や気になるポイントを書き込むようにした。この書籍は、７科目がB5ノートサイズ２冊に収まっていて、演習問題や用語まとめのデータなども付いてきて便利だった。

⑥暗記アプリと先達の語呂合わせ

　「経営法務」、「中小企業経営・政策」は、暗記科目になる。移動中や隙間時間には過去問演習をしにくいので、暗記に充てるため、スマホの暗記アプリ「Anki」を利用した。アプリは、エビングハウスの忘却曲線を考慮したアルゴリズムで出題してくれる。アプリに入れるコンテン

図表 2-2-5　暗記アプリ「Anki」のイメージ

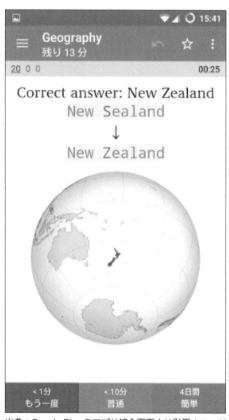

出典：Google Play のアプリ紹介画面より引用 https://play.google.com/store/search?q=Anki&c=apps&hl=ja

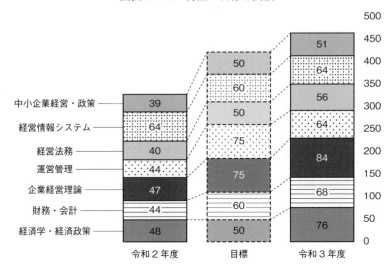

図表 2-2-6　得点の目標と実績

ツは、『まとめシート』や「一発合格道場」で公開されていた語呂合わせを活用
した。

(5) 結果

　一部、目論見が外れたところはあったが、得点を稼ぐ科目と足切りラインを超すだけの科目とのバランスを取って、2回目の受験で合格を勝ち取れた（**図表 2-2-6**）。

2-3

予備校の戦略的活用による最短合格

（1）私が予備校を選んだ理由

　私は中小企業診断士（以下、診断士）試験を受けるにあたり、予備校通学と独学で悩んだ末、予備校での勉強を選択した。予備校を戦略的に活用した結果、目標としていた勉強開始から1年以内での1次試験、2次試験の合格を実現することができた。

　当時、私が考えていた予備校と独学のメリット・デメリットは、**図表2-3-1**のようにまとめられる。私は診断士試験において、

　　・弱点科目の客観的な把握と対策

　　・長期間にわたる勉強に対するモチベーションの管理

図表2-3-1　予備校通学と独学のメリット・デメリット

	メリット	デメリット
予備校通学	・予備校の試験ノウハウを得ることができる ・定期テストによって、自身の苦手科目を客観的に把握できる ・定期テストや仲間の存在でモチベーションの維持ができる ・授業と定期テストに沿って勉強をすることで、科目ごとの適切な勉強スケジュールを立てやすい	・費用がかかる ・通学に時間がかかる ・決まった時間に授業に参加しなければならないため、勉強時間の柔軟性が減る
独学	・費用が最小限に抑えられる ・勉強時間の確保が柔軟にできる	・1人で勉強を進めるため、モチベーション管理が難しい ・勉強スケジュールを自分で立てる必要があり、時間管理能力が求められる

・試験勉強の時間管理

の3つのポイントが特に重要だと考えていた。

　これらの3つのポイントを押さえるには、独学以上に予備校を戦略的に活用することが効果的だと判断し、予備校通学を決めた。以下では、これらの3つのポイントがいかに重要であるか、そして私が予備校の戦略的活用をいかに進めてきたかをお伝えする。

（2）予備校の戦略的活用による弱点科目の攻略

①弱点科目を克服する重要性

a. 40点未満を1科目でも取ると不合格となる

　試験攻略のポイントは、いかに弱点科目を克服できるかにある。1次試験は7科目の総合得点で420点以上を獲得することに加えて、それぞれの科目で40点以上を獲得することが要件となる。1科目でも40点未満となってしまうと合格とならないため、すべての科目で満遍なく得点を取れる勉強をする必要がある。

b. 弱点科目を克服し60点以上を目指すべし

　1科目が足切りギリギリの得点だったとしても、得意科目で得点を稼ぎ、総合得点で合格点を取ればいいという考え方もあるかもしれない。しかし、私はすべての科目で満遍なく60点以上を目指すことを強くおすすめする。理由は、得意科目を70点から80点にするのと、弱点科目を50点から60点にするのでは、後者の方がより効率的に実現できると考えているためだ。

c. 弱点科目の克服が効率的なスコアアップにつながる理由

　得意科目を70点から80点にするためには、応用的な論点や細部の論点を押さえにいく必要があり、より網羅的に深く勉強することが必要になる。一方で、弱点科目を50点から60点にするためには、基本的な論点を確実に押さえることで十分であり、より短い勉強時間で効率的にスコアアップができると考えている。

②弱点科目を特定するための定期試験の戦略的活用

　予備校の定期試験を活用することで、自身の弱点科目を客観的に特定できることが予備校通学のメリットだと考える。多くの予備校では、科目ごとに授業が進み、各科目の最終日には定期試験がある。定期試験によって、自身の理解度や受験生の中での自分の立ち位置を把握することができる。

a.　意外とわからない自身の弱点科目

　弱点科目は定期試験を受けなくても自分自身でわかると感じる方も多いかもしれない。しかし、ここで重要なポイントは、自身が考えている（思い込んでいる）弱点科目と、実際の弱点科目が異なる場合があることだ。ここで自身の弱点科目を誤って認識すると、その後の勉強計画が最適に設計できなくなる。

b.　私の弱点科目特定の経験談

　私の受験勉強時代の経験では、自身のこれまでの経歴とも関係のある「運営管理」が好きな科目であり、得意であると自負していた。しかし、予備校の定期試験を受けてみると平均点以下であり、弱点科目であることが特定された。その後は、この科目に重点的に勉強時間を充てて、本番の1次試験では70点以上を獲得することができた。

③必勝！　弱点科目の対策法

では、弱点科目に対する具体的な対策は、どうすればいいのだろうか。

a.　弱点科目への時間の重点的な配分

　弱点科目の勉強時間を重点的に確保することが重要だ。弱点科目は基礎的な論点が押さえられていない可能性があるので、予備校が指定する重要論点を中心に、メリハリをつけた勉強をすることをおすすめする。

b.　予備校の多様な教材を活用したアウトプット学習

　アウトプットを中心とした学習は、予備校で用意される問題集や定期試験の問題を起点とした学習方法である。私は、弱点科目ほどその内容を理解できていないと判断し、再度教科書を片っ端から読み込んでいた。しかし、問題を解いてわからないところを明確にした上で、教科書の該当箇所を読み返したり、

わからない部分を先生に聞いたりする方が学習の効率性が高いと考える。

c. 予備校の動画コンテンツの再受講

予備校の動画コンテンツの再受講が、最も予備校を戦略的に活用できるポイントである。弱点科目は、通学での授業の受講に加えて、オンラインで録画配信される別の講師の動画コンテンツの説明を聞くことをおすすめする。多くの予備校では、通学コースを選択しても、別途オンラインで動画コンテンツを視聴することができる。オンラインの講師と通学で教わる講師が異なる場合、同じ科目に対して2パターンの説明を聞くことができる。

私は、通学コースの講師の説明でわかりにくかったところが、オンラインの動画コンテンツで理解できたという経験が何度もあり、これが弱点科目克服につながった。

(3) 予備校の戦略的活用によるモチベーション管理法

①モチベーション管理の重要性

診断士試験においては、勉強のモチベーション管理が重要である。一般的に診断士試験の合格には1,000時間の勉強が必要とされ、1年間でストレート合格を目指した場合、平日で2〜3時間、休日で5時間の勉強時間の確保が必要となる。仕事をしながら勉強を続けることは大変難しいが、私は予備校で同じ目標を目指す同志たちとの交流を通じて、モチベーション管理をした。

②仲間との交流から生まれるモチベーション管理術

以下の2点が、予備校を活用したモチベーション管理術である。

a. 成績がトップクラスの人とコミュニケーションを取る

成績がトップクラスの人とコミュニケーションを取ることで、試験勉強のロールモデルを得ることができる。トップクラスの人はどのような勉強をしているのか、1日どのくらい勉強をしているのか、勉強時間のつくり方をどのように工夫しているかを聞くことで、明日からの勉強生活のモチベーションにつながる。さらに、トップクラスの人との会話を通じて、自身の勉強方法の課題

図表 2-3-2 予備校の仲間との交流から生まれるモチベーション管理術

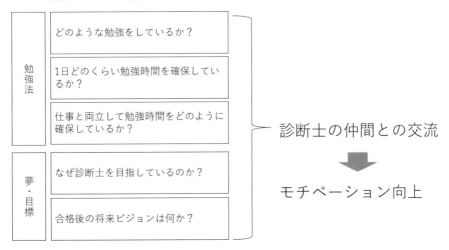

が特定でき、勉強方法の改善につながる。

b. 診断士を目指す仲間たちと夢や目標を語り合う

診断士を目指す仲間たちから、診断士になりたい理由や、将来のビジョンを聞いたりすることで、なぜ自分が診断士試験の勉強を頑張るのか再確認するきっかけとなり、自身のモチベーションとなる。

(4) 予備校の戦略的活用による時間管理法

①診断士試験における時間管理の重要性

a. 勉強時間管理の落とし穴

診断士の1次試験は7科目もあることから、勉強時間を適切に管理することが極めて重要である。特に、勉強時間をどのように割り振るかが合格に向けて重要なポイントとなる。私が考える試験勉強の時間管理の落とし穴は、得意科目と好きな勉強方法に時間の使い方が傾斜しがちである点だ。

b. 勉強領域マトリックスでバランスの良い勉強の実現

図表 2-3-3 は、私の考える勉強領域マトリックスである。多くの人は、得

図表2-3-3　勉強領域マトリックス

得意科目

なかなか勉強が進まないが、合格に必須な領域①	進んで勉強する領域④

嫌いな勉強方法　　　　　　　　　　　　　　　　好きな勉強方法

なかなか勉強が進まないが、合格に必須な領域②	なかなか勉強が進まないが、合格に必須な領域③

弱点科目

意科目は積極的に勉強しようと思うが、弱点科目の勉強へはなかなか前向きに取り組めない（図表2-3-3の領域②と③）。また、勉強方法もインプット（理解、暗記）とアウトプット（計算問題、文章問題）の大きく2種類があり、より自分が好きな勉強方法に傾斜しがちである（図表2-3-3の領域③と④）。

　前述したように、1次試験に合格するには、満遍なく科目を攻略することと、インプットとアウトプットの勉強をバランス良く進めていくことが重要である。

②ペースメーカーとしての予備校の戦略的時間管理術

　勉強領域マトリックスの4つの全領域について、半強制的に学習を進めることができるのが予備校を活用する最大のメリットである。多くの予備校は科目ごとにカリキュラムが進んでいくため、得意科目・弱点科目に対して満遍なく勉強時間を充てることができる。また、勉強方法に関しても、インプット、アウトプットのバランスの取れた宿題が出されるので、偏りのない勉強方法を実践できる。

2-4
私はこうして
1次試験最高得点合格を目指した

（1）プロとなるために最高得点で合格することを目指した

　会社勤めで達成したいことをほぼ達成したという思い、そして、人生100年時代を考えたとき、長くできる仕事を早めに持ちたいという思いから、独立を志向していた。企業で長年勤務し経営に関与してきた経験から、経営者に対するコンサルティングを職業にし、世の中の役に立ちたいと思った。

　そこで、中小企業診断士として独立して仕事をすると決意し、受験を決めた。そして、合格を目指す道筋として、効率的に学習して最低限で行う方法もあるが、単に合格するのみならず、合格後もプロとして活かせる知識・教養の基盤となるよう本質的な学習を行うことを志した。

　さらには、やるからには1次試験は全国トップ、最高得点で合格しようという目標を立て、覚悟を決め、徹頭徹尾、完璧合格を目指した。

（2）学習スタイルはSWOT分析で決めた

　学習環境は人それぞれであり、経営環境分析と同様に、SWOT分析を用いて自分の学習環境を分析し（**図表2-4-1**）、クロスSWOT分析を行った（**図表2-4-2**）。

　この分析を活用し、予備校での学習を中心として勉強に集中することにした。予備校は費用負担が重いが、全財産つぎ込んでも完璧な合格をしたいという思いがあり、躊躇なく通うことにした。オプション講義なども可能な限り受講し、複数の予備校の授業に参加、問題集なども予算関係なく購入した。

図表 2-4-1　SWOT 分析

強み（S）	弱み（W）
・気合と根性 ・都心に居住 ・「財務・会計」の知識	・極めて低い記憶力 ・誘惑に弱い性格
機会（O）	脅威（T）
・通学可能な予備校が多数所在	・試験の難易度の変化が激しい

図表 2-4-2　クロス SWOT 分析

	強み（S）	弱み（W）
機会（O）	・都心の予備校を徹底的に活用	・通学講座で強制的に学習 ・暗記より理解を徹底
脅威（T）	・基礎力の強化で変化球対応 ・苦手科目がなくなるまで勉強 ・「財務・会計」で他をカバー	・2次不合格の場合は、養成課程で着実に資格取得

（3）予備校の授業が始まる前から戦いは始まった

　受験を決めたのは 2021 年 7 月。予備校の授業開始は 9 月であった。その 2 ヵ月間で何をするか。

　1 つは、周囲の理解を得ることである。家族に対しては、もともといつも何らかの勉強をしていたので問題はなかったが、今後の人生を左右する一大決心の資格取得であることを伝えた。そして、会社では、上司に勉強することを報告し、予備校のある日は定時で帰りたいとお願いした。ありがたいことに、その上司が中小企業診断士の有資格者であり、応援も取り付けることができた。

　もう 1 つは、実力の底上げである。「財務・会計」、「経済学・経済政策」などの素養はあったが、「経営情報システム」は難易度の変動が大きく最もリスクがあると思われた。そこで、IT パスポート試験を受験して基礎力を鍛えた。

(4) 予備校の授業を徹底的に活用した

　9月になって予備校の授業が始まると、最初から全力疾走で走り続けた。予備校の醍醐味は、リアルの対面講義にある。

　対面講義を最大限活用するため、教室講座を受講する前に、できる限りWeb講義を受講し、問題集を解くようにしていた。そして、教室講座で知識の定着を図り、疑問点は必ず講師に質問し、納得するまで理解に努めた。

　試験に合格するレベル以上のことを質問したことも多く、真剣に一緒に考えてくれる講師もいてありがたかった。結果として、今も多くの講師の方々とお付き合いがあり、仕事にも役に立っている。

　さらには、時間の許す限り、同じ範囲でも違う講師の授業を受けることにした。これによって、違った角度で物事を見る視点ができ、また、講師との人脈形成にもつながった。

(5) 暗記より理解と慣れを重視した

　1次試験は7科目と範囲が広く、暗記中心では、ほとんど対応できない。一定程度の暗記は必要だが、理解を伴わない限り、知識の定着は難しい。理解については、誤っていてもいいので、自分なりの理解を腑に落ちるまで突き詰めることに努めた。

　そして、理解のみならず、慣れの部分も重視した。苦手な問題は何度も繰り返し、スピードアップするにはどうしたらいいかを考えた。たとえば、「運営管理」ではクリティカルパスメソッドによる計算が出てくるが、何度も手を動かし、感覚で瞬時に解けるように訓練した。

　理解と慣れの徹底は、出題される確率が低いと思われるものでも、模試や答練、過去問で出た問題は、細大漏らさず行った。結果として、相当の時間を要し、学習時間は1,500時間を軽く超えたと思う。単に合格するだけなら非効率かもしれないが、本質が見えたことは収穫であった。

朝も夜もお世話になったベローチェ新川店

（6）学習環境を整え自己管理を徹底した

　学習場所・学習時間の確保は、合否を分けるといっても過言ではない。とっておきは、予備校の自習室の活用である。自習室は、雑談が聞こえることもなく、気兼ねなくお手洗いに行けることもあり、安心して長時間学習に集中できる。会社帰りや休日にも、極力利用した。

　他には、朝の時間の活用。会社近くに早朝から開いているカフェを見つけ、たとえ数分でも、カフェで勉強することを習慣づけた。そして夜も、予備校に行けないときは、少しでも立ち寄った。

　その結果、平日は、朝は通勤時間を入れて1〜2時間程度、夜は2〜4時間程度（授業時間を含む）、休日は家族サービスの日もあったものの、基本的には10時間以上、学習時間を確保することができた。

（7）マークシート対策に筆記用具等にもこだわった

　1次試験は、マークシート式である。この対策を徹底してやった。問題を解くテクニックはもちろん、意識して、筆記用具等にもこだわった。

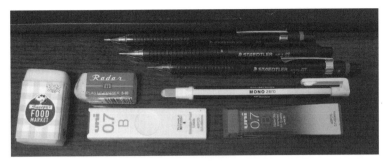

愛用の筆記用具

　たとえば、シャープペンシルの芯は0.7mmのBを使った。0.7mmは一般の0.5mmよりも断然折れにくく、マークするスピードもほんのわずかだが向上する。BはHBより軟らかく、こちらもスピードアップに貢献する。さらには、視認性の高い腕時計を使ったり、こだわりの消しゴムをいくつか用意したりした。

　このように、合格確率を上げるためには一切の妥協をしない気持ちで取り組むことは、モチベーションのアップにもつながった。

（8）過去問・模試は効率的に活用した

　過去問については、5年分、2回転しか解かなかった。過去問は、一度解いて理解していないところだけを徹底して復習した。理解している問題を何度解いても意味がなく、理解が弱い箇所の強化が有用と考えたからである。

　模試は、多くの予備校のものを受験した。予備校ごとの癖があるが、どんな癖があっても解き切ろうと思った。都内に住んでいるが、静岡や名古屋にも遠征した。受験当日は普段と違う環境に置かれるため、あらゆる環境に適合できるよう訓練する意味もあった。

（9）会場の下見は極力当日と同じ環境で行った

　試験の1週間前、試験と同じ土曜日、試験時間に合わせて、試験会場の下見を

した。平日と土日では、雰囲気や開いているお店、電車の混み具合も異なるため、なるべく近い環境のときに行うのがベストと考えた。

交通ルートは迂回ルートを複数確認し、会場周辺のお手洗い、コンビニなどをチェック、体を周辺環境に馴染ませるようにした。最終的には、体力温存や時間短縮の観点から、タクシーで受験会場まで行くことにし、渋滞した場合は最寄り駅から鉄道に切り替えられるようシミュレーションを行った。

（10）体調管理には失敗、しかし、ある程度の結果は出した

1次試験で失敗したのは、体調管理である。体調不良が続いていたため、1ヵ月位前からは睡眠を意識してとるようにし、食事に気をつけ、好きなアルコールも控えた。しかし、試験前日に急に腹痛に見舞われてしまった。薬局に走り、薬剤師と相談しながら薬を選択したが、試験前までには回復しなかった。

試験当日、試験会場前で予備校の講師に会うことができ、座っていれば受かるからと励ましていただいたものの、1科目目の「経済学・経済政策」では、座っていることすら辛く、まったく集中できなかった。

結果は、全科目7割超は死守し、合計556点（自己採点、**図表2-4-3**）。いまだにこの点数以上の合格者は聞いていない。さらなる上を目指していたので、点数は不本意だが、全科目の基礎を身につけた実感は得ることができた。

図表2-4-3　1次試験のスコア

経済学・経済政策	財務・会計	企業経営理論	運営管理	経営法務	経営情報システム	中小企業経営・中小企業政策	計
76	92	77	76	88	76	71	556

第3章

私はこうして
2次試験に合格した

6度目の正直！ 多年度受験生が教える2次試験の本質

　私は、5度にわたって2次試験の壁に弾かれ続けてきた。ここでは、私の5度の敗因を分析しつつ、合格年度は何をして合格できたのかを紹介する。私の経験が、2次試験合格を目指す方々のヒントになれば幸いである。

（1）5度の不合格の原因分析

①準備が不十分だったが手応えはつかめた、1度目の不合格

　1次試験突破後、約2ヵ月の独学を経て2次試験に挑戦した。事例Ⅰ～Ⅲでは、とにかく与件文内のキーワードを盛り込むことを意識して学習しつつ、学習時間の大半は事例Ⅳに費やした。結果は不合格だったが、得点は概ね良く、次年度も過去問で同様の解き方を実践しながら知識を拡充すれば、合格するだろうという甘い考えを持ってしまった。

図表 3-1-1　平成 27 年度（1 度目）の結果

学習方法	独学		学習時間		100 時間	
学習教材	『ふぞろいな合格答案』（以下、『ふぞろい』） 『30 日完成！ 事例Ⅳ合格点突破計算問題集』（以下、『30 日完成』）					
結果	事例Ⅰ	事例Ⅱ	事例Ⅲ		事例Ⅳ	合計
	A（64）	B（55）	B（54）		A（62）	235
主な敗因	・1 次試験の合格後にはじめて 2 次試験対策開始 ・事例Ⅰ～Ⅲは国語試験の感覚で与件文を書き写すスタイル					

②甘い考えで挑み 1 度目受験時より点数が悪化、2 度目の不合格

　1次試験免除のアドバンテージを活かせず、人事異動後の業務多忙を言い訳

に、勉強時間をまったく確保できなかった。不合格により1次試験からの再挑戦となったことを負担に感じ、平成29、30年度は受験をあきらめた。

図表 3-1-2　平成 28 年度（2 度目）の結果

学習方法	独学		学習時間	100 時間	
学習教材	『ふぞろい』、『30 日完成』、『事例Ⅳ（財務・会計）の全知識＆全ノウハウ』（以下、『事例Ⅳ全知全ノウ』）				
結果	事例Ⅰ	事例Ⅱ	事例Ⅲ	事例Ⅳ	合計
	C（49）	B（58）	B（57）	B（58）	222
主な敗因	・仕事の繁忙を言い訳に、学習時間を確保できなかった ・前年の不合格原因をしっかり分析できていなかった				

③3 年ぶりの挑戦も過去の失敗を活かせず、3 度目の不合格

人事異動を機に仕事の繁忙度が改善したこともあり、もう一度挑戦したいと思い再受験した。再び独学で臨んだが、1 次試験との並行学習がうまくいかず、十分な対策ができないまま、3 度目の不合格となった。

図表 3-1-3　令和元年度（3 度目）の結果

学習方法	独学		学習時間	150 時間	
学習教材	『ふぞろい』、『30 日完成』、『事例Ⅳ全知全ノウ』				
結果	事例Ⅰ	事例Ⅱ	事例Ⅲ	事例Ⅳ	合計
	A（63）	C（45）	B（57）	A（60）	225
主な敗因	・1 次試験対策と同時並行での 2 次対策ができていなかった ・事例Ⅱで与件文内の根拠を用いない解答をしてしまった				

④初めて予備校利用したものの活用しきれず、4 度目の不合格

独学に限界を感じ、2 次専門予備校の通信講座を選択した。ここで主に学んだメソッドは、「解答の『型』に当てはめながら、キーワードを盛り込む」というものだった。これが、事例Ⅲには特に有効に感じ、得点の安定につながった。

一方で、ここでの失敗は、講義視聴のみで理解した気になり、解答用紙を送付

しての添削指導を受けなかったことである。採点者からの客観的な目線を通じて記述力を高めるべきだったが、怠ってしまった。

図表3-1-4　令和2年度（4度目）の結果

学習方法	予備校利用		学習時間		350時間	
学習教材	予備校教材、『ふぞろい』など					
結果	事例Ⅰ	事例Ⅱ	事例Ⅲ	事例Ⅳ		合計
	A（60）	A（62）	A（65）	C（47）		234
主な敗因	事例Ⅰ～Ⅲは合格レベルだったが、事例Ⅳでの時間配分がうまくできず、難問に時間をかけてしまった					

⑤受験日当日に失敗した、5度目の不合格

再び1次試験からの受験となったが、合格まであと一歩の感覚があったこともあり、あきらめずに続けることを決意した。

再度の予備校利用も検討したものの、1次試験との両立を踏まえて独学での学習とした。直近7年分の過去問を3周程度解いた他、自身の解答を妻に読んでもらい、読みやすいかどうか感想をもらったりした。

しかし、この年度は試験当日に事例Ⅰの与件文の一部を読み飛ばしてしまい、解答根拠の不足を招いてしまった。

図表3-1-5　令和3年度（5度目）の結果

学習方法	独学		学習時間		250時間	
学習教材	前年の予備校教材、『ふぞろい』など					
結果	事例Ⅰ	事例Ⅱ	事例Ⅲ	事例Ⅳ		合計
	B（57）	A（65）	A（66）	C（48）		236
主な敗因	・事例Ⅰの与件文の最終ページを読まずに解答してしまった（ページを切り離して読んでいたが裏面に気づかなかった） ・前年に続き、事例Ⅳで点数が伸び悩んだ					

(2) 6度目の受験での勝因分析

①合格率を意識した予備校選び

過去5回でD判定（40点未満）がなかったこともあり、自身の解答方法を大きく変えることはしてこなかったが、根本的にやり方を変えるために、6度目の挑戦では再度予備校に通う決意をした。

その際、大手に絞らず合格率の高い予備校がないかを探していた中で、中小企業診断士のトップランナーとしてご活躍中の青木公司先生が主催する「2次合格スーパー本気道場」（以下、本気道場）を選択した。

②正しい受験指導を受けることの大切さ

本気道場では、闇雲に与件文からキーワードを拾う方法や、「高付加価値化」などの定番ワードを書き連ねるような小手先のテクニックではなく、明確な根拠を持って解答を考える正しい解法フローを学ぶことができた。解法フローの詳細は本気道場の独自ノウハウのためここでは紹介できないが、講義ごとの答練で、自分の解答を青木先生に直接、添削していただけたことが特に大きかった。

「解答は『誰に、何を、どのようにする』かが明確にわかるように記述すること」、「事例企業のSWOT分析を正しく行い、コアな強み（S）をコアな機会（O）に活かせる助言を考えること」、「社長の思いに寄り添った解答を考えること」等を繰り返し指導いただき、ブレない解答ができるようになった。注意を受けたことは自分の悪いクセとして、失敗ノートに書き写し、克服できるように努めた。

また、青木先生からは、正しい知識が身につけられれば、設問文を読んだ段階で（与件文を読まずとも）、どんな解答を書けばいいのか仮説を立てられることも教わり、1次試験で学んだ知識をコンサルティングの実務で活かせるようにしなければ、現場では活躍できない（2次試験では、そういった実践力が試されている）こともよく理解できた。

③受験仲間ができることのメリット

過去の受験時との大きな違いとして、一緒に本気道場に通った受験仲間ができ

たことも大きかった。2次試験には明確な正解がないため、他のメンバーの解答や考えを聞くことや、意見交換することは非常に勉強になった。また、定期的に合同勉強会を開催することで、サボリの防止もできた。

（3）合格年度の結果や取り組みから考える2次試験の本質
①2次試験は単なる国語の試験ではない

長い受験生活を経て、2次試験の本質だと感じることが2つある。

1つ目は、2次試験は単純な国語の試験ではなく、コンサルタントとして活躍できる実力があるかどうかを試される試験であることだ。5回も落ちていながらおこがましいが、おそらく自分は単純な国語の試験であれば実力値は高い方であると思う。現に過去5回での最低点は222点であり、平均は230点以上だった。1問でも相性の良い問題が多ければ、1度目の受験で受かっていたかもしれない。しかし、5回の不合格という結果が現実である。

もちろん、試験合格にあたって最低限の国語力は必要だと思うが、2次試験では、コンサルタントとして適切な知識を使いつつ、与件文内の根拠に基づいて、事例企業に合った分析や助言をすることが求められる。さらに、それをクライアントである企業（試験の場合は採点者）にわかりやすく伝える技術も問われる。これは、コンサルティングの現場でも必要な能力である。

②高い再現性が求められる

2つ目は、常に高い再現性が発揮できる力を身につける必要があることだ。合格年度の実際の得点は図表3-1-6の通り、得点としてはギリギリでの合格だっ

図表3-1-6　令和4年度（6度目）の結果

学習方法	予備校（本気道場）		学習時間		500 時間
学習教材	本気道場教材・『ふぞろい』など				
結果	事例Ⅰ	事例Ⅱ	事例Ⅲ	事例Ⅳ	合計
	A（64）	B（56）	A（61）	A（62）	243

た。合格年度の問題は自分とは相性が良くなかったと感じるが、自分なりに根拠
を持って解答し、余裕を持って試験を終えることができた。

　実際、不合格年度でも、与件文や設問文との相性が良く、たまたま高得点が取
れていた事例もあったが、事例Ⅰ～Ⅳの総合力が不足していたことや、本番での
緊張もあって、どんな問題が出てきても一定の実力が発揮できる再現力は低かっ
たように思う。しかし、その状態では、合格後すぐにコンサルティングを実施で
きる力が身についているとはいえないはずだ。合格年度は、はじめて取り組む過
去問や模試でも合格レベルの解答が書けていたので、どんな問題が出ても実力を
再現できる力は身についていたと感じる。

　③受験を通じて身につけた知識やスキルを活かす

　もし、私が自己流のまま運良く合格できていたとしても、コンサルタントとし
て十分な知識やスキルがない状態で中小企業診断士の世界に飛び込んでいただろ
うと思う。長い受験期間を通じて、プロの世界で活躍するための知識や、伝える
力のベースを身につけることができたと感じるので、培ってきた力を今後の活躍
につなげたい。

プロジェクトマネジメント経験を
活かした一発合格法

（1）IT エンジニアが診断士資格を取得する動機

　私はメーカーでのソフトウェア開発業務をこなす傍ら、個人として中小企業向けにウェブサイト制作を行ってきた。この経験から、集客とビジネス成長のためにはサイト制作だけでは不十分で、経営戦略やマーケティングの知識が不可欠であることを学んだ。さらに、ウェブマーケティングを通じた販路拡大には、資金面の課題も含めた総合的な戦略が求められる。

　このような背景から、私は中小企業診断士の資格を取得することを決意した。資格取得に向けては、プロジェクトマネジメント、計算の効率化、ノウハウのカタログ化・パターン化、道具は自分で作る、といったエンジニアの知識・原則を学習に応用し、ストレート合格することができた。

（2）プロジェクト管理の原則を活用した戦略設計

　資格取得をプロジェクトと捉えると、プロジェクトマネジメントの知識が活用できる。たとえば、目標設定、優先順位の明確化、計画の策定、進捗管理といった考え方を取り入れて、効果的な試験合格戦略を立てた。

①学習内容と優先順位の明確化

　まず、合格に向けての学習範囲を把握するために、各科目の試験内容を一通り確認した。難易度や規模を理解し、自分のスキルや得意不得意を考慮して、どの参考書や問題演習にどれくらい取り組むかを決めた。次に、試験日という決まった期日があるため、学習の優先順位を決めることは、戦略を練る上で重要だと考えた。

　技術畑を歩んできて財務に不慣れだった私は、事例Ⅳ（財務・会計事例）に優先的に取り組むこととした。財務の知識は、合格後の支援業務に必要不可欠である。単に合格点を目指すのではなく、しっかり理解して身につけることを目標とした。事例Ⅰ、Ⅱ、Ⅲについては、1次試験の学習時から2次試験を意識して、単なる暗記にとどまらず、応用力を強化した。

② 1次試験からの一貫した全体計画策定

　学習計画は、1次試験終了後に2次試験対策の計画を立てるのではなく、はじめから2次試験を視野に入れるようにした。これにより、全体のスケジュールを把握し、規模感や締切日を意識しながら時間配分を最適化することができた。

　規模感は、受験参考書の章や節のページ数から大まかな学習時間を見積もることができる。事例問題の答案練習には、1事例の試験時間80分に加えて、採点と復習にかかる時間も計算に入れた。

　試験日以外にも、模擬試験の日程や申込締切日も計画の中で重要な要素である。期日とそれまでにやるべきことを精査して計画に組み込んだ。

　計画を立てる際には手軽さを優先し、スプレッドシートを使用してシンプルなガントチャートを作成した。これにより、各科目の学習計画を視覚的に把握できる。縦軸にはタスク、横軸には日付を配置し、各科目の学習計画をセルに色を塗ることで表現した（図表3-2-1）。

③ 学習進捗の視覚化

　作成した学習計画をもとに学習を進め、進捗管理を行った。具体的な方法としては、学習を行った日に対応するセルに「x」マークを入れて進捗を記録する（図表3-2-2）。

　この方法により、学習の進行状況を直感的に把握できる。学習を進めながらこのチャートを更新して定期的に確認することで、遅延やリスクを早期に特定し、計画改善に役立てた。このスプレッドシートを用いたガントチャートでは、計画を変更する際にも、セルをコピーして色のついたセルを移動させるだけなので、手間も少なく簡単に管理できる。

図表 3-2-1　スプレッドシートを用いた学習計画

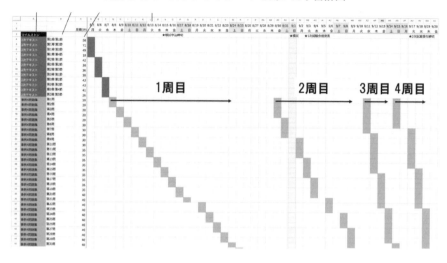

1周目　2周目　3周目　4周目

図表 3-2-2　スプレッドシートを活用した進捗管理

		8/5	8/6	8/7	8/8	8/9	8/10	8/11	8/12	8/13	8/14	8/15	8/16
		月	火	水	木	金	土	日	月	火	水	木	金
2次テキスト	第3章 第5節												
事例4問題集	第1問					x							
事例4問題集	第2問					x							
事例4問題集	第3問						x						
事例4問題集	第4問						x						
事例4問題集	第5問									x			
事例4問題集	第6問									x			
事例4問題集	第7問								x				
事例4問題集	第8問								x				
事例4問題集	第9問									x			
事例4問題集	第10問									x			
事例4問題集	第11問									x			
事例4問題集	第12問									x			
事例4問題集	第13問												
事例4問題集	第14問												

予定通り完了
予定より遅延
予定より前倒し

（3）事例IVの攻略法

　私の場合、財務に関わる業務経験を持っていなかったため、事例IVには苦手意識があった。しかし、エンジニアの持つ論理的思考やデータを扱う能力は、財務に関する知識の習得に応用可能で、これまで関わりがなかったからこそ伸び代があり、習得したときの効果も大きくなると考えた。

　そこで、1次試験終了から2次試験までの2ヵ月半のうち、最初の1ヵ月を事例IVの対策に特化して過ごした。

①基礎固めの計算演習

　合格のためには、公式を理解するだけでは不十分であり、時間内に確実に正答するスキルも同時に養う必要がある。そのために、問題集を繰り返し解き、計算の精度とスピードを上げていくことを試みた。

　試験形式の事例問題を解くにはまとまった時間が必要で、学習時間の確保が難しい。そこで、まずは基礎を固めるために問題集を活用し、解法を習得することとした。正答できなかった問題は何度も解き直し、全問解けることを目標とした。一度解答したものの自信が持てない問題については、数周ごとに再度取り組み、解答力の定着を図った。

②計算効率化による時間短縮の工夫

　思考時間を最大限に確保するためには、計算作業を迅速に行う必要がある。計算のスピードを向上させる方法の1つとして、電卓の使い方を工夫した。

　たとえば、収益性分析のための売上高総利益率、売上高営業利益率など、売上高のうちに占める割合を表す指標は、「［営業利益などの各値］÷売上高×100」という式で求められる。計算しやすいように少し変形すると、「［各値］÷（売上高÷100）」となる。そこで、共通の「（売上高÷100）」の部分をあらかじめ計算して再利用できるようにしておけば、求めたい各指標の計算を効率化できる。

　電卓の定数計算機能を使用する場合、まず、［売上高］、［÷］、［100］、［＝］、［÷］、［÷］を押して共通部分の計算結果を記録しておく。その後は［各値］、［＝］を繰り返すことで、売上高に対する指標を一気に計算することができる。

このような工夫を行うことで、第1問で問われることが多い経営分析の解答時間を短縮した。

（4）事例Ⅰ、Ⅱ、Ⅲの攻略法：共通の学習戦略

①事例Ⅰ、Ⅱ、Ⅲに共通する解法

事例Ⅰ、Ⅱ、Ⅲの解法は、与件文の具体的な内容からフレームワークなどを用いて本質的な課題を抽出し、抽出した課題から設問内容に沿った具体的な施策や提案を導き出すという共通点がある（図表3-2-3）。

与件文から本質的な課題を抽出する手法については、受験参考書を用いて着眼点や用いるフレームワークについて学習を進めた。

本質的な課題から設問内容に沿った具体的な解答を導き出す手法については、過去問を解きながら、受験参考書の解答例を参考に典型的な施策を整理してまとめ、カタログ化・パターン化し、課題や設問に応じて引き出せるようにした（図

図表 3-2-3　事例Ⅰ、Ⅱ、Ⅲに共通する解法

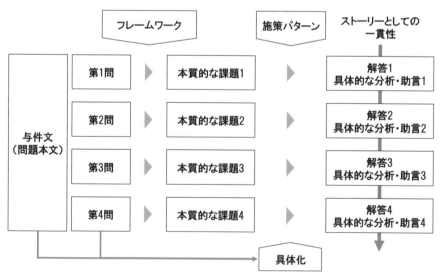

図表 3-2-4　施策パターンの例

課題	施策
内発的動機づけ	社内ベンチャー、権限委譲
優良顧客（候補）の差別化	限定イベント、記念日や累積購買額に応じてプレゼント
知見の共有	マニュアル化、チェックリスト

表 3-2-4）。

②事例Ⅰ、Ⅱ、Ⅲの学習法

　まとまった学習時間は１事例の演習に80分以上かかる過去問解答のアウトプット学習に割り当て、インプット学習については、隙間時間を活用した。

　アウトプット学習は、解答のスピードアップのトレーニングとして、実際の解答用紙と同じサイズの紙に解答欄を印刷して手書きでの解答に慣れるようにした。答え合わせは受験参考書の解説を参考に、抜け漏れのあった論点や解答骨子について確認し、制限文字数内で多面的に解答できる表現などを整理してカタログ化・パターン化し、インプット学習に回した。

　インプット学習は、頻出のフレームワークや典型的な施策パターン、アウトプット学習の復習項目を単語帳アプリに登録し、隙間時間に暗記していくという学習方法を取った。

自作単語帳アプリ

私の場合は、データの登録しやすさと使い勝手の点で良い単語帳アプリが見つからなかったため、Google Sheets と Google Apps Script を使って自身で簡易的なアプリを作成した。

　Google Sheets を使って効率良く学習項目を登録できるようにし、アプリ画面では数式も表示できるようにした。

3-3

忙しい中で合格をつかんだ
学習スタイル

（1）１度目の２次試験の振り返り

①２次試験への臨み方

　仕事が忙しく、試験勉強にかけられる時間は少なかったため、１次試験までは１次試験に特化する戦略を採用した。１次試験後から合格発表までは、受験予備校の体験授業を受けに行く等、２次試験の情報収集はしていたものの、精神的なリフレッシュも兼ねて時間をとり、本格的な対策は始めなかった。

　いろいろと調べた結果、間近に迫っている２次試験も１次試験から引き続き独学で受けることとした。理由は、リアル、映像問わず、授業をたくさん受けると演習の時間が十分に取れないので、最低限のインプットと演習時間の確保の両立には独学の方が対応しやすいと考えたからである。

②勉強方法

　準備は過去問と受験予備校から出版されている予想問題集を解き、１次試験の知識が落ちないよう、１次試験の復習も行った。受験するときは、何とか合格レベルまで持っていけたかなという感触を持っていたが、事例Ⅲまで受けた時点で、だんだん自信が薄れていったのを覚えている。

③反省

　翌年合格したので、今となってはどの程度の実力があれば合格できるのか、おおよそのイメージがつくが、振り返って考えると、１年目は絶対的な勉強量が足りていなかった点が、一番の敗因であった。１次試験と並行して２次試験準備を進めるか、１次試験直後から２次対策に取りかかるべきであった。また、限られた時間の中で、効率的な勉強をするため受験予備校に任せてもよかったのではない

かとの思いも抱いた。情報収集が足りなかったことが背景にあると考えている。

（2）合格につながったスタイル

①試験前に復習期間を確保できるスケジュールを設定

　私の場合、1次試験は一度で全科目合格しているため、2度目の2次試験に不合格となると、もう一度、1次試験を受ける必要があった。ラストチャンスを独学に賭けるのではなく、プロのやり方を参考にして頑張ってみようと予備校に入ることとした。

　キャリアを考えると、1次試験から受け直すことは考えられず、何としても次の2次試験で合格するという決意のもと、前年の合格発表を待たず予備校に申し込み、学習をスタートさせた（**図表3-3-1**、「再スタート期」）。

　1度目の受験で「解けた」という感触がなかったので、2年目の受験勉強でど

図表 3-3-1　私の学習の軌跡

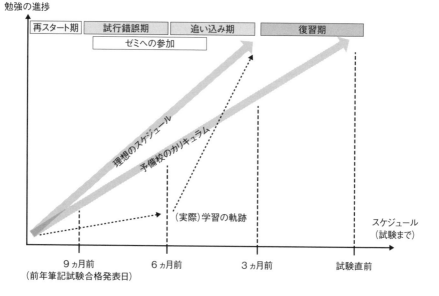

の程度解けるようになるのだろうかという不安を抱えながらのスタートであった。そのため、予備校のカリキュラムをすべてこなしてもなお、問題が解けるようになっていなかった場合に何か手当てができるよう、3ヵ月前倒しで勉強を進めることとした。

　結果的に予備校のカリキュラムは充実したもので、一通り終えると合格に向けた手ごたえはあった。ただ、復習時間として用意しておいた3ヵ月が合格を確実なものにしたと思っている。この期間で、それまで解いた問題とじっくり向き合いながら復習することができた。直前模試の類のものも、3ヵ月前までには終わらせておいた。

　2次試験は何か公式を覚えて通用するものではないので、直前に新しいものに取り組む意義は他の試験と比べると薄い。1度目のカリキュラム消化で、習得しきれていなかった部分を補強し、解法の確立に充てられた期間となった。

②カリキュラム消化を加速させた学習方法

　復習期間を確保するべく勉強を開始していたが、正直、時間にはゆとりがあるだろうと思っていた。しっかり時間をとれるとき、疲れていないときに授業を受け、ノートにまとめた上で理解していくことを心がけていたら、結局平日は進められず、土日にしわ寄せがいくようになってしまった（図表3-3-1、「試行錯誤期」）。

　試験まであと半年のタイミングで、試験3ヵ月前までに全カリキュラム終了とした自分のプランどころか予備校の設定スケジュールからも遅れていたので、思い切ってスタイルを変えることにした。

　まず、通勤時間、昼休みの活用である。授業を受けるときは動画のみにしていたが、音声のみも利用することとした。講師が何を解説しているかは、テキストがなくとも把握できる。ポータブルデバイスにMP4でダウンロードし聞き始めたことで、カリキュラムの進捗が改善した（図表3-3-1、「追い込み期」）。

　コマ切れの時間を活用し始めたことで、自分がどこを履修しているかわからないまま受講してしまわないように工夫した。具体的には、テキストを一定の小

テーマごとに付箋で区切るようにした。1日のはじめに、付箋に沿って今日どこまで終えるかを決めておいた。その1日の目標を遵守すると、1日ごとの積み重ねが思い出しやすくなるため、前日の勉強内容との関連も踏まえることができ、記憶が定着しやすかった。また、仕事後、今日はこのへんで切り上げておこうという誘惑に負けにくくなる。復習期においても、付箋の単位ごとに、学習プランを組み立てやすくなった。

③ゼミへの参加

志を同じくする仲間がいることは、モチベーションの維持につながる。コロナで途中からなくなってしまったが、毎月ゼミに参加することとしていた。参加者で解法を見せ合い、議論するゼミである。モチベーションの維持や仲間と勉強の進捗を情報交換できるいい機会であった。

私の場合は、ゼミのおかげで試験半年前まで非常に勉強が遅れているという事実を認識することができた。解法や試験への臨み方は人それぞれであり、やみくもに仲間の真似をする必要はないが、理解に不安のある場所の相談や学習スケジュールを披露し合うことを通じ、得られるものが多かったので、オフラインでのつながりも持っていてよかったと思う。

④仕事での知識の定着

私は、会社でM&A関連の仕事をしており、顧客の重要な意思決定をサポートする中で、より経営者目線に立ったアドバイスができるのではないかとの思いで、資格取得を考えた。

合格前であっても学んだことを活かせる機会はあると考え、業務において、試験勉強で学んだ手法で企業を分析し、仕事での付加価値を出せるよう試みた。その結果、仕事で深みのあるアウトプットが出せるようになり、知識の定着を図る上でも役立った。

⑤本番で実力を発揮するための準備

復習期の中で、試験直前のタイミングでは、学習の成果を発揮できるよう準備に工夫をした。何年も準備し、実力が十二分にある人であれば、緊張や体調が本

調子でなくとも、当日、合格に必要な水準は超えられるかもしれない。私の場合は、合格できると信じていたが、余裕を感じるほどではなかった。そのため、いろいろな事態を事前に想定し、なるべく試験にのみ集中できるようシミュレーションをした。

　具体的には、会場の寒暖があるので、あえて室内を熱くしたり寒くしたりして問題を解いてみる。試験当日が雨かもしれないので、雨の日に外を散歩してから問題を解く。試験日の移動は最小にすべく、会場近くのホテルを取る。当日食べる昼食は事前に決めておくといったことをしていた。笑ってしまう話かもしれないが、気持ちの面でのゆとりが生まれ、数点分の貢献はしてくれたのではないかと考えている。

（3）意識した解き方

①採点基準を意識する

　どんな試験にでもいえることだが、受験の目的が合格である以上、答案には書きたいことを書くのではなく、点数を取れる解答にするべきである。

　たとえば、100文字の解答欄で20点分の配点がある問題であれば、どのような採点基準となっているだろうか。100文字に対して書くべきポイントが1つしかないというのは考えにくい。答案を書き始める前に、ポイントがいくつで、それぞれ何点ずつの配分かを意識すると、点数の取れる解答になると思う。

　1度目の2次試験のときは、この点がまだわかっておらず、間違ったことは書かなかったが、踏まえるべきポイントを解答に入れ込めなかったのが合格に至らなかった一因と考えている。市販の問題集の解答は、たとえば1文に2つのポイントを入れ、余った文量で点数と関係のない記述をしていたりするものもある。合格したときは、ポイントごとに1文で区切ることを徹底し、採点者にポイントを訴求することを心がけた。

②問題の主旨を意識する

　事例全体を通じての主旨をとらえると、誤った方向での解答になりにくい。各

問にとらわれることなく、事例全体の主旨は何かを意識することも重要である。解答の方針に迷ったときは、主旨に立ち返ると正しい方針の道標となることがある。また、全問題を解き終わってすべての解答を見返したとき、主旨とうまく通じ合っていれば、大きなミスはしていない可能性が高い。私は、各問の解答ポイントを書き出した後、実際に答案を記入し始める前に、最終チェックとしてそのような確認をしていた。

3-4
経営者の想いに寄り添った 一貫解答で**2**次試験突破

　私は、1次試験に一発合格するも、300時間費やして臨んだ2次試験は初年度不合格。自分なりには2次試験の勉強はやり尽くしたつもりであり、次年度の受験に向けて、何をやっていいかわからない状況であったが、何とか活路を見い出し、2度目の受験で合格することができた。

　同じように、多年度受験で何をやっていいかわからなくなっている方に向けて、私の経験と特に重要だと考えたポイントについてご紹介したい。

（1）テクニックに頼った初年度の2次試験

　まずは、初年度の受験について振り返りたい。1次試験の受験前から2次試験についてネット等で情報を収集し、取り組み方をある程度、決めていた。私の勉強法は、**図表3-4-1**の通り、①過去問10年分を用意して、Excel で答案作成し、②『ふぞろいな合格答案』（同友館；以下、『ふぞろい』）で自分の解答を振り返り、③得点キーワードを網羅する切り口をストックしていく方法である。

①過去問10年分を用意し、Excel で答案作成

　初年度は学習期間も限られるため、過去問を集中的に解く方法を選択した。また、Excel を使った問題に慣れる学習と、本番を想定した手書きでの学習を分けることで効率化を図り、10年分の過去問に繰り返し取り組んだ。

②『ふぞろい』で自分の解答を振り返る

　2次試験は正解が公開されないため、自分の解答が合格ラインに近づいているかはわからない。そのため、『ふぞろい』を活用し、自分の解答と合格者の解答を比較し、どうすれば合格者に近づけるか、振り返りを行った。

図表 3-4-1　初年度の勉強方法の概略

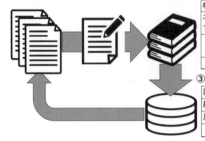

①過去問10年分を用意し、Excelで答案作成

②『ふぞろい』の解答と比較し、ミスの傾向を確認

相違点	原因	対策
オンライン施策が書けていない	設問文の解釈ミス	・・・
	設問文の制約の見落とし	読み直しやすいようにマーカーを引く
・・・	・・・	・・・

③解答の切り口をストックし、事例ごとに備える

設問	切り口
組織管理上の…	共通目的、貢献意欲、コミュニケーション
具体的な施策…	誰に、何を、どのように、効果
・・・	

③得点キーワードを網羅する切り口をストック

　解答の観点の漏れが少なくなるよう、合格者の解答の切り口を抽象化してリスト化し、似た設問に対応できるよう知識をストックして、次の過去問を解く前に振り返りを行った。

　この学習サイクルを繰り返し行い、試験当日は手応えもあったが、結果的には、オールBの不合格判定であった。

(2) 次年度に向けた弱点の分析

　結果に大いに落ち込み、次年度に向けて何に取り組んだらいいかわからない状態であったが、まずは敗因が何かを考えることにした。そのために、再現答案を作成した。落ちると思っていなかったので、答案内容をメモしていなかったが、切り口は問題用紙に整理しており、そのメモと記憶を頼りに再現した。

　自己評価としては、設問の制約を大きく外さず、読みやすい答案が書けていたのではというものであった。念のため第三者にも評価をもらおうと考え、予備校や受験生支援団体、合格した受験仲間に再現答案を提示し、フラットな評価をもらうことにした。

　結果は、自己評価が甘かった。どの評価者も、オールB判定が妥当という評価であった。私の解答はそれぞれ設問個別への解答に終始し、その会社が目指す

方向に沿えておらず、答案全体として、一貫したストーリーを描けていないという弱点がわかった。そもそもの意識として、事例企業に寄り添っていくという中小企業診断士（以下、診断士）の当たり前の心構えを、まったく持てていなかったのである。

(3)「経営者の想い」とは何か

　こうした振り返りを経て、事例の全体感を意識し、事例企業に寄り添った答案作成をするため、経営者の想いにフォーカスを当てることに着想した。

　ここで述べている経営者の想いとは、その企業が事業を通してどういったことを実現したいのか、何のために事業を行うのか、といった事業の根底にある考えや目的である。この経営者の想いを明文化し、社内外に表明したものが経営理念に相当するが、多くの事例では、経営理念が明記されていない。

　この経営者の想いが表れる文章を与件文から拾い上げて念頭に置き、設問に取り組むことで、企業の事業活動における縦のつながりを意識した答案が書けると考えた。

図表 3-4-2　経営者の想いと事業活動の関係性

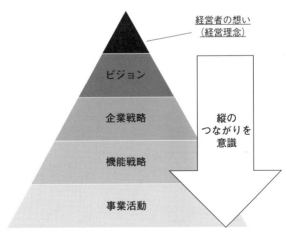

もともと経営者の想いに寄り添うという視点を持てていなかったのは、あくまで2次試験を1次試験の延長ととらえてしまい、事例企業を診断士として支えていくという考えに至っていなかったからである。

（4）「経営者の想い」に寄り添った答案が書けていないことへの対応

　2年目の勉強では、経営者の想いに寄り添って、解答に落とし込んでいくアプローチをどのように試験で実現していくか考えた。

①予備校の添削サービスの活用

　これまでの『ふぞろい』で切り口をストックする学習は継続しつつも、答案全体が企業の目指す方向感に合っているかを確認する学習が必要だと考えた。そこで、自分の答案を第三者視点で評価してもらえる予備校の添削サービスを活用することにした。

　2次試験対策コースを用意している多くの予備校では、添削サービスを提供している。公開情報では優劣の判断がつかなかったので、興味を持った予備校には、自分が受けたい添削が可能か片っ端から問い合わせをした。その回答を踏まえ、自分に合った予備校のオンラインコースを受講し、満足いく学習につなげることができた。

　本書を手に取る受験生においても、公開情報だけで予備校を選択するのではなく、自分がどういった観点を補いたいかを明確にした上で、直接予備校に問い合わせることをおすすめしたい。

②経営者の想いが表れる文章にはマーカー

　次に、試験当日重要な点は、マーカーの活用である。初年度の受験時からマーカーを3色活用していた。企業の強み、弱み、外部環境の色分けである。過去問を繰り返し解く中で、こうしたSWOT分析や内部環境と外部環境を組み合わせるクロスSWOT分析を活用することで、答案が書きやすくなると考えたためである。

　2年目の受験では、ここに経営者の想いが読み取れる文章に対するマーカーを

図表 3-4-3 フォーカスする経営者の想いの一例

令和4年度 事例 I

経営者と常務は、新しい収益の柱を模索する。そこで、打ち出したのが、「人にやさしく、環境にやさしい農業」というコンセプトであった。常務は、販売先の開拓に苦

令和5年度 事例 III

鮮度を保つため最低午前と午後の配送となる。X社としては、当初は客単価の高い数店舗から始め、10数店舗まで徐々に拡大したい考えである。

C社社長は、この新規事業に積極的に取り組む方針であるが、現在の生産能力では対応が難しく、工場増築などによって生産能力を確保する必要があると考えている。

追加して、4色で試験に臨むことに決め、過去問に取り組んだ。**図表 3-4-3** がその際、マーカー対象とした文章の一例である。もともとの3色マーカーの運用では、大きく意識することがなかった文章だが、経営者が重視しているポイントや今後の事例企業の発展が読み取れる文章となっている。こうした文章にフォーカスする戦略を取った。

③常に事例企業のストーリーを意識

このように試験に対する考え方の見直し、学習方法の再選択、試験時間の中で経営者の想いをクローズアップする練習に取り組んできた。これまでになかった感覚として、事例企業の全体のストーリーがおぼろげにつかめるようになってきていたと自負している。

図表 3-4-4 のように経営者の想いから企業のあるべき姿を読み解くことで、ゴールと対比した現在の姿をとらえ、そのギャップを埋めるためにどういった課題があるかを意識できるようになったためだと考えている。このように経営者の想いから事例企業の全体のストーリーを考察していくことを読者におすすめしたい。

結果的に、2年目は初年度から48点アップし、オールAで合格できた。

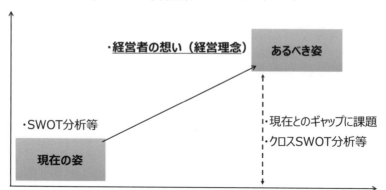

図表 3-4-4　事例企業のストーリーイメージ

（5）実務補習であらためて実感した「経営者の想い」の重要性

　2次試験合格後、中小企業診断協会の実務補習に申し込むと、後日テキストが郵送されてきたが、そのテキストにも経営者の想いに寄り添うことが重要との記載があった。以下の通りであり、受験時に重視していた経営者の想いは、実務の経営診断においても大事だと読み取れる。

・真の診断ニーズと経営者の想いを汲み取ることが重要です

・経営者の将来実現したい理想（想い）を明確にすることで現状とのギャップを浮き彫りにしやすくなります

　2次試験で学んだ経営者の想いに寄り添うことの重要性を、身をもって体験できるのが実務補習なのだと、あらためて理解することができた。今後も、試験のようにうまく経営者の想いをとらえ、診断士として、経営者の想いに寄り添った提案ができるよう努めていきたい。

3-5

MBA を活用した
合格への戦略的アプローチ

　中小企業診断士（以下、診断士）試験の学習法はさまざまあるが、大学院の MBA コースに進学し経営学を学ぶのも適切な方法の1つである。ここでは、MBA コースで身につけた戦略的思考を用いて、診断士試験に効率良く合格するプロセスを、私自身の経験をもとに詳述する。

(1) 診断士試験と MBA

①診断士2次試験の特徴

　MBA の講義で使うケースとは逆に、診断士の2次試験問題は3〜4ページ程度の与件文と設問文で構成されており、文章量は多くない。しかし、1事例を80分で解く必要があるため、入念な試験対策と短時間で答案作成する瞬発力が必要となる。試験会場で問題を読んでその場で考えるというよりは、事前に身につけた知識やテクニックを活用して解いていくことになる。

②MBA の講義の特徴

　MBA の講義では、ケースメソッドという指導方法を採用している。ケースという会社や個人の経営上の出来事や課題について書かれた5〜50ページ程度の教材を使い、そのケースに登場する経営者などの主人公になったつもりで考え、クラスで議論する。このケースに登場する主人公は何らかの意思決定に直面しており、もし自分が当事者であったなら与えられた状況でどう行動するかを考え、グループで議論し、クラスで話し合う。

　この講義では、経営理論は知っているのが前提で、ケースでの議論が中心になっている。ケースは診断士の2次試験の問題に似ているが、複雑で情報量が多

く、通常、予習に数〜数十時間かけることになる。

③MBAと中小企業診断士のシナジー

両方とも経営学に関する学位・資格であるため、経営戦略、マーケティング、財務・会計など、MBAと診断士との共通点は多い。異なる点といえば、MBAは大企業向けの経営戦略を学ぶのに対して、診断士は中小企業向けの経営戦略を学ぶという点である。

実際にMBAの講義に参加してみると、有名企業の経営者、管理職、起業家など、さまざまな経歴を持つ学生がおり、刺激になった。診断士2次試験の学習を2年、3年と続けていくとモチベーションが低下しそうだが、MBAコースに通うことによってそのようなことは避けられた。診断士試験の対策とは違い形がないため、多面的かつ掘り下げた学習ができ、結果として診断士試験の与件文読解などに活かすことができた。

④MBAで得られたこと

MBAの講義を受講することで、ケースにより経営理論の理解のみならず論理的思考力、柔軟な思考、読解力などが身についた。また、ケースの課題から企業診断の基礎力の習得ができた。さらに、経営者や大手企業の管理職、起業家など、今後の企業での活動や診断士として活動する上で有用になる人脈の形成もできた。

⑤MBAでは得られなかったこと

1次試験で求められる知識は広く浅く網羅されているので、MBAの講義では得られず、ある程度、試験対策が必要になった。また、2次試験の解法に直結する講義もないため、別途、学習が必要になった。

(2) 1回目の受験からMBA入学まで

①1回目の受験結果

私が診断士試験に初挑戦したのは、ビジネスの世界で必要とされる経営に関する知識を身につけたいと考えたためである。はじめての1次試験は、択一問題が

得意だったためストレート合格することができたが、2次試験においては、事例分析のテクニックの不足から、合格には至らなかった。

②目指す方向性の再定義

2次試験の結果が出た後、学習法を再度、見直すことにした。2次試験では、テクニックが大事であるというコメントがインターネットなどで多く見かけられた。また、2次試験は解答例が発表されず、どのような解答が正しいのか明確ではなく、そのような状況で2次試験対策をやる意義はあるのかと疑問に思うようになった。あらためて私自身にとって本当に必要な目標は何かを再確認することにし、試験のテクニックよりも、経営についての知識を学ぶことを優先したいと考えるようになった。

③MBA入学

経営についての知識を学ぶために、MBAに入学することにした。診断士試験の勉強よりもケースメソッドによる詳細で本格的な学習が可能である。名古屋商科大学大学院のEMBAコースに入学。名古屋商科大学大学院には診断士養成課程もあるが、名古屋まで通う必要があるため、時間と費用の問題で見送りとした。

(3) 2回目と3回目の受験

2年目の2次試験は、MBAの講義を受けながらの学習になった。MBAの講義の予習を優先せざるを得ず、半年の学習期間を設けたが、あまり勉強することはできなかった。結局、直前にまとめて勉強することになり、直前期の睡眠時間は平均3時間くらいになった。事例Ⅰ～Ⅲは順調に解けたが、事例Ⅳは疲労のため計算ミスをし、不合格になった。

3年目は、1次試験を受け直すことになった。「経営法務」や「中小企業経営・政策」など暗記しないと解けない科目を重点的に20時間程度で学習し、1次試験は合格した。2次試験の対策は1年目、2年目にある程度行っていたことと、MBAの学習により一通りの知識と思考力が身についていたことから、最初からMBAの学習期間には勉強しないことにし、8月、9月に集中的に行った。結果

図表 3-5-1　診断士試験の結果と勉強時間

	1 次試験	2 次試験	勉強時間	備考
1 年目：2020 年	合格 470/700 点	不合格 CCBB　総合 B	1 次：250 時間 2 次：80 時間	
2 年目：2021 年	免除	不合格 BBAC　総合 B	1 次：— 2 次：80 時間	MBA 入学
3 年目：2022 年	合格 427/700 点	合格 AABA　総合 A 273/400 点	1 次：20 時間 2 次：50 時間	MBA 修了 （2023 年 3 月）
診断士試験に使った勉強時間：480 時間 MBA 修了までに使った勉強時間：2,500 時間				

的に、2 次試験は高得点で合格できた。

（4）診断士試験の結果

　診断士試験の結果と費やした勉強時間は、図表 3-5-1 のようになった。診断士試験合格に必要な勉強時間は 1,000 時間程度といわれているが、私の場合、1次・2 次を合わせても 500 時間を切っており、それほど時間をかけずに合格することができた。MBA の学習に 2,500 時間もかかっているので非効率なようにみえるが、MBA の講義は経営について実践的かつ幅広く学べるため有意義なものであった。

（5）2 次試験合格の秘訣

①知識の振り返り

　図表 3-5-2 のように、2 次試験のテーマと MBA の講義は関連性があり、講義の受講により 2 次試験に必要な経営に関する知識は十分に備わっていた。あとは講義で使った教科書やノート、資料などを見直して、得られた知識を定着させ、試験で活かせるようにした。

図表 3-5-2　2 次試験と MBA の講義の関連

2 次試験のテーマ	関連する MBA の講義
戦略全般	・Strategic Thinking ・Business Analysis
事例Ⅰ：組織・人事	・Organizational Behavior & Leadership
事例Ⅱ：マーケティング・流通	・Marketing Management ・Marketing Communication
事例Ⅲ：生産・技術	・Technology & Operations Management
事例Ⅳ：財務・会計	・Strategic Corporate Finance ・Strategic Managerial Accounting

② 1 次試験対策

「企業経営理論」や「運営管理」、「財務・会計」は、過去の 2 次試験の学習と
MBA の講義で対策可能である。得点源となる科目（私の場合は、「経営情報シ
ステム」）を確保し、他の科目は 50 点程度を目標とし無理なく学習した。

③ 2 次試験対策

与件文の読解については、MBA のケースを使った講義で身についていたた
め、あとは 80 分という短時間でいかに解答をまとめるかが課題になった。その
ためには、テンプレートとキーワードの習得と、試験時間の配分をあらかじめ決
めておくことが重要である。

2 次試験専門予備校の短期コースと『ふぞろいな合格答案』（同友館）でキー
ワードとテンプレートで得点する方法を習得した。ただし、予備校のテンプレー
トはシンプルすぎて、必要なキーワードや論点が書き切れないことが多い。完璧
に解答できれば 60 点に到達するが、実際の試験ではミスがあるもので、結果と
しては 60 点を下回ることもあり、結果が安定しない。よって、70 点以上を目指
して、できるだけ多くのキーワードを解答に盛り込むべきである。

試験時間の配分については、**図表 3-5-3** のように行い、日々の演習時から時
間配分を守ることで、本番でも余裕を持って解答できるようにする。

図表 3-5-3　試験時間の時間配分

手順	時間	内　容
設問文の読み込み	3 分	各設問で問われているポイントを把握する。
与件文の読み込み（1 回目）	7 分	SWOT 分析などで重要なポイントに下線を引きつつ読み込む。
与件文の読み込み（2 回目）	5 分	抽出した重要なポイントがどの問題の解答になるか、チェックしつつ読み込む。
答案骨子作成	20 分	与件文の読み込みで下線を引いた重要なポイントを参考に骨子を作成する。1 問につき 5 分程度の時間をかける。
答案作成	35 分	骨子に従い、答案用紙に解答を記入する。
予備時間	10 分	誤字脱字などの最終チェックの時間にする。試験当日は予定通りに進まず、予備時間も使って答案作成することが多い。

④試験当日までの学習方法

　仕事、MBA の勉強、診断士試験対策を同時に行うのはかなりのストレスになった。よって、効率良く重要なポイントだけ学習するように心がけ、あまり時間をかけすぎないようにした。過去問を解く場合も、時間がない場合は 80 分かけるのではなく、無理をせず、設問文の読み込みから答案骨子作成までの 35 分間をしっかりやれば十分である。

　また、前日、前々日は無理せずに 6 時間は寝て、試験当日に疲労が残らないようにした。

第4章

私は養成課程を選んだ

4-1
全日制の登録養成課程で
実践力を身につけた

(1) 全日制の登録養成課程という選択

　2次試験は一発勝負と考えていたので、不合格であった場合、登録養成課程の道へ進むことは事前に決めていた。2次試験受験後に登録養成課程の実施機関、開催場所、開催期間、実施内容、費用、応募要項などについて調べた。

　登録養成課程の実施機関としては、中小企業大学校をはじめ、MBAと同時取得できる大学、株式会社や診断士協会などさまざまな団体があるが、私は札幌商工会議所を選んだ。理由は、①最短で中小企業診断士（以下、診断士）に登録できること、②短期集中型が私に合っていること、③北海道に興味があり新天地としてふさわしいと思ったことである。札幌は訪れた経験があり、猛暑の関西と比較して勉強に適した環境にあると考え、登録養成課程のオンライン説明会に参加した。

　札幌商工会議所の登録養成課程は、書類審査と面接審査があり、募集定員の30人が選抜される。登録養成課程では診断士になることが目的ではなく、登録後にどのような活動をするのかというところが重要視される。審査では、診断士として地域に貢献したい旨を、書類と面接で具体的に説明し合格した。全日制の半年間は、基本的には月曜日から金曜日までが研修実施日であるが、土曜日に研修が実施されることもあった。登録養成課程を中心とした新しい生活スタイルに期待を抱き、京都から札幌へ向かった。

　札幌商工会議所の登録養成課程は、3月に開講される。登録養成課程の研修は演習と5回の実習で構成され、演習は9時30分開始16時30分終了、実習は17時30分終了となる。演習では5人1組で1つの班、実習では7～8人（実習⑤のみ6

図表 4-1-1　2022 年度 札幌商工会議所登録養成課程のスケジュール

	3月	4月	5月	6月	7月	8月	9月
1		演習				実習③	演習
2		休日		演習	休日		
3			実習②			実習④	休日
4			休日	休日		演習	
5		演習			演習		演習
6						休日	
7				演習			
8			実習①			演習	実習⑤
9		休日			休日		
10			演習		演習		休日
11					実習③		
12		演習	休日	休日		休日	
13				演習	演習		実習⑤
14			演習				
15				実習②			
16		休日			休日		
17			実習①			実習④	
18				休日	演習		休日
19		演習					
20			休日			休日	実習⑤
21				実習②	実習③		
22					休日		
23	開講式	休日	実習①			実習④	休日
24	演習						
25							最終審査
26	休日	演習		休日	実習③	休日	
27			実習②			休日	
28		休日				実習④	修了式
29	演習	休日		休日		実習⑤	
30			実習①		休日		
31			演習		演習		

人）で 1 つの班となり、各演習、実習ごとに異なったメンバーで班が構成された。

　札幌商工会議所の登録養成課程は、6 月までが経営診断Ⅰ、7 月以降が経営診断Ⅱのカリキュラムとなり、それぞれ終了後に中間評価が実施される。

　ゴールデンウィークやお盆には長期の休日があり、その期間を利用して復習や実習の準備を行った。また、北海道内の観光地を巡り景色や食を楽しみつつ、地域の特性や抱える問題点について考察した。登録養成課程期間中は、診断士としての勉強だけでなく、北海道の歴史や文化についても理解を深めた。

（2）登録養成課程の実際

　演習では、財務、論理的な思考法、マーケティング戦略、ロジスティクスや生

実習先企業について検討する筆者
（出典：札幌商工会議所ホームページ）

産マネジメントなどを学んだ。また、店舗設計のワークショップというユニークなものや、観光分野、事業承継という札幌商工会議所独自の科目もあった。講義は、出題された課題に対し、SWOT 分析や STP 分析などを行って考察し、診断結果や改善策を導き出すという、診断士実務に近い形で進められた。

　実習は一連の流れとして、10 日間でヒアリング、企業診断、課題抽出、解決策構築、経営診断報告書作成、最終日に実習の報告会を行う。報告会には社長だけでなく、実習先企業の社員や金融機関の方が同席されたこともあった。実習先企業は、札幌商工会議所の公募の他に北海道の金融機関から紹介された企業もあり、債務超過の改善や人材活用などのリアルな問題に取り組んだ。

　実習先企業の財務分析やヒアリング内容の検討は実習初日に行うが、話がまとまらない場合は、翌日以降の演習終了後に実施することになる。指導員の診断士にアドバイスをいただき、フレームワークを使って経営状態や課題について分析した。自作のアンケートを用いた顧客調査や従業員サーベイの調査票の分析結果について夜遅くまで議論をし、休日に経営診断報告書や報告会の発表資料作成などを行う中で、実践的な診断士業務を学んだ。

演習の一コマ
（出典：札幌商工会議所ホームページ）

（3）同じ志を持つ仲間との出会い

　札幌開催のため、登録養成課程の参加者は北海道居住者が多いものの、全国各地から集まっていた。職業も、金融機関、自営業、商工会議所、信用保証協会、企業に在籍しているが休暇中の方、診断士以外の士業など背景はさまざまであり、初日はこのメンバーでうまくできるのか不安になった。

　しかし、それは杞憂であり、同じ道を目指す仲間としてすぐに打ち解け合い、毎日顔を合わせることになるので、演習が進むにつれて関係性も深まっていき、プライベートでも仲良くできた。実習が始まるまでは、余裕のあるスケジュールだったので、演習後にすすきのへ飲みに行ったこともあった。

　仲間たちとは同じ課題を持って助け合い、ときには夜遅くまで議論したこともあった。実習終了後は打ち上げをしたり、休日には自動車で札幌市から離れた場所に遊びに行ったりもした。今でもこの関係性は継続し、不定期ではあるが懇親会なども開催している。

（4）実習の評価と最終審査

　2回の実習後に、経営診断Ⅰの中間評価があった。項目は、ヒアリング、問題

指導員との面接
（出典：札幌商工会議所ホームページ）

形成、問題解決、報告書、プレゼンテーション、チームの貢献および実習先企業
からの評価で構成され、結果は数値化される。実習先企業からの評価以外は指導
員から評価され、4回目の実習後に経営診断Ⅱの中間評価があった。

　登録養成課程に入学さえすれば必ず診断士になれると思われがちだが、診断士
として一定基準の能力がないと評価された場合、そこで退学となる。また、研修
は9割以上の出席が必須である。全課程終了直前に筆記試験と面接による最終審
査があり、ここを通過して晴れて登録養成課程の修了となる。最終審査は、それ
まで学んできたことを存分に発揮し、合格することができた。

　札幌商工会議所の登録養成課程受講者は、全員修了している。理由としては、
仲間との演習や実習で日々切磋琢磨して、時間や労力を惜しまず、診断士登録と
いう目標に向けて、全員が常に真摯に取り組んできたからだと考えている。

（5）登録養成課程修了後

　5回の実習先企業はそれぞれに印象深く、登録養成課程の仲間が顧問となって
今も経営指導を行っている企業もあれば、実習終了から半年も経たない間に残念
な結果となった企業もあった。報告書が実習先企業の道標になっていたかどうか

修了式
（出典：札幌商工会議所ホームページ）

が、企業の未来に影響することを痛感した。

　登録養成課程修了後、診断士登録までには2ヵ月程度かかる。この2ヵ月の間に、独立診断士として活躍するための準備をしながら、登録養成課程で経験したことの振り返りを行った。登録養成課程では、中小企業の実態、社長の経営に対する考え方、内部資源・外部環境調査の方法や診断士としての態度などを学び、より実践的な知識や技能を得られた。また、多くの方々との出会い、話し合いが今も自分の財産となっている。

　登録養成課程で知り合った仲間だけでなく、その仲間とつながりがある人、そのまたつながりと、さらに多くの仲間を得ることができた。京都在住の私が「フレッシュ診断士研究会」の存在を知ったのは、つながりができた仲間からの情報であり、2次試験のオンライン勉強会で講師をしていた方の紹介を受けて入会することができ、本書の執筆参加に至った。

　今後は登録養成課程の仲間はもちろん、つながりができた多くの仲間と切磋琢磨しながら、中小企業の諸問題に取り組んでいきたい。

4-2
登録養成課程で
理論と実践のつながりを理解できた

（1）2次試験不合格後の葛藤

　私が中小企業診断士（以下、診断士）の資格チャレンジを志したのは、大学時代まで遡る。大学の卒業論文のテーマが中小企業の生産性を大企業と比較する内容であったことから、就職し社会人となった20・30代での取得を何となく考えていた。しかし、実際に社会人となり企業に勤めると忙しい日々が待っており、何となくしか考えていなかった私はなかなか資格勉強に着手できず、40代を迎えてしまった。

　40代後半で生活リズムも落ち着き、ようやく資格勉強に着手できるようになったため、予備校に通い始めた。経済学部出身であったことと20年以上の社会人経験から、1年間の受験勉強で1次試験を突破できた。特に最終科目である「中小企業経営・政策」の後半部分は、具体的な中小企業への支援施策に関するスキームなどの問題が続き、その延長で中小企業を支援するためにこの資格を取得するというモチベーションを持って2次試験対策に立ち向かった。

（2）2次試験惨敗と登録養成課程との出合い

　しかし、2次試験対策はたやすい道ではなかった。どのようにしても型にはまった試験対策に陥り、自分の経験がかえって邪魔となってうまく答案を作成できずにいた。模擬試験では点数にムラがあり、最後は運試しではないが、自らが得意な業界や業種が出題されたらラッキーと思うような姿勢で2次試験に臨んでしまい、結果は惨敗であった。

　最初は不合格という結果を直視できず、自分自身を責める日々が続いた。何度

図表 4-2-1　私が検討した診断士登録までのステップ

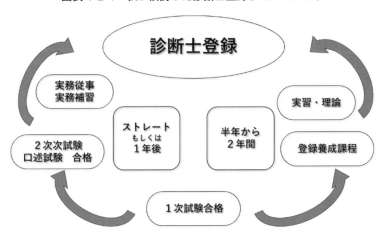

も、もっと勉強すればよかったと考えたが、時間が経つにつれて変化していった。家族などの周囲からは、十分集中して勉強していたように見えたといわれ、努力の方向が違ったのではないかと思うようになった。診断士になる目標に向けて２次試験に再チャレンジする準備をするか、別の方法を選択するかの決断に迫られた際、私の中で時間という問題が生まれた。

　もう１年かけて２次試験の勉強をするか、もしくはさらに２年を費やし確実に診断士登録要件を満たすのか。私の中では、いち早く診断士登録して中小企業を支援したいという思いはあるものの、失敗するリスクを取って２次試験に再チャレンジするか、２年間を要しても診断士登録要件に加えて大学院の学位も得られる登録養成課程に進むかを天秤にかけて検討することとした。

（3）登録養成課程の門戸を叩く

　葛藤の結果、私は次のような理由で登録養成課程を選択した。１つ目は、２次試験の傾向と自らの勉強スタイルから、２次試験に合格するにはあと１年では足りないのではないかと感じたこと。２つ目は、登録養成課程を経ることで、より

具体的な診断実習と合わせて、診断や助言に対し学術面でのアプローチが可能となることである。

　しかし、登録養成課程を選択した後、周囲の多くの人から、「登録養成課程に進むことは本当に必要？」、「2次試験合格を目指すのではダメなの？」と尋ねられたのである。自分には診断士になる目標や夢があるものの、具体的にどのように診断や助言を行っていくのかというビジョンがないことを思い知らされる質問であった。その決断をより強固にするために検討する時間は、幸いにも私の場合、それほど必要ではなかった。

　その答えは、自らの性格と登録養成課程で得られるメリットを照らし合わせることで得られた。登録養成課程へ進むことで、学術的なアプローチができること、つまり、診断や助言に理論的な裏づけを持たせるトレーニングができるメリットは大きかった。あまり自覚はないが、周囲の人から理屈っぽいといわれる性格であり、診断実習にじっくり時間をかけて取り組める点は、多少時間を費やしてでも理解、納得して進めたい自らの性格にマッチしていると感じた。

（4）これが私の進むべき道

　一口に登録養成課程といっても、さまざまな形式がある。期間も半年から2年まで幅があるし、運営主体も大学院、地域の商工会議所や民間企業などがあり、それぞれに特徴がある。中小企業大学校が運営する養成課程もその1つである。

　私が選択した登録養成課程は、東洋大学大学院の診断士登録養成コース（東洋大学大学院では、「課程」ではなく「コース」と称している）であり、実践経営学を追求するアカデミックMBAを標榜している点から、私が診断士になるために必要なステップであると確信した。もちろん、進学には受験が必要であるが、願書や大学院で研究するテーマを設定する研究計画書を準備する過程で、自分が診断士になるというモチベーションはさらにヒートアップしていったことを覚えている。

(5) 急がば回れの2年間

　無事に東洋大学大学院の登録養成コースに合格できた私は、2021年4月から社会人大学院生となり、楽しく希望に満ちたキャンパスライフがスタートした。同期の仲間には、既に別の資格を取得しているなどさまざまなバックボーンの人材がいて、診断士になるモチベーションもそれぞれであったが、2年間で実践的かつ学術的なアプローチを体得することを目標としていたことが共通点として挙げられた。

　社会人を続けながら大学院生になることを選択した私は、この中でやっていけるか不安であったが、同期はみんな優秀で、刺激し合える仲間を得たというメリットの方が大きく、不安は一掃された。

(6) 多くの出会いが私の宝になる

　ただ、モチベーションは大きかったものの、体力的には非常に厳しいものであった。学生生活に戻るのはとても魅力的であったが、入学以降、講義や演習・実習、さらには学術的なアプローチを研究するゼミナールが怒涛のように続いた。毎週、実績豊富な講師陣との出会いがあり、経営コンサルタントとはかけ離れた業種での経験を持つ講師の方との出会いは、自分にとって刺激的であった。今でも何名かの講師とは、コンタクトを取っている。

　最初の数ヵ月は何度もやめようと思い、心が折れそうになることも数知れずあった。今となっては良い思い出であり、肥しであったと思う。そのたびに自分が目指しているものを思い出し、再び前に進むことができた。夏を過ぎた頃からは生活リズムも整い、自ら率先して実習の班長を買って出るなど、積極的にカリキュラムをこなしていった。2年間で5回の実習を通して多くの人々と出会えたことは、私が診断士として活動する上での宝となった。

(7) 充実した実習で実践的な経験を積む

　診断士は、中小企業の立場に立って経営全般に対して診断や助言を行う役割を

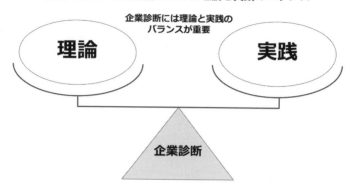

図表 4-2-2　企業診断における理論と実践のバランス

企業診断には理論と実践の
バランスが重要

理論　　実践

企業診断

担っている。登録養成課程では、こうした役割を果たし、即戦力として活躍でき
る診断士を養成しているのだと思う。また、診断士になるために実践的な経験を
積む必要があることは間違いなく、そのために用意されたのが実習である。

　実習は全5回。流通業・製造業など業種ごとの実習に加え、経営全般に関する
診断実習を2回、さらにはソリューション実習という具体的な課題に対する施策
を深く検討して企業に提案する実習もある。

（8）企業診断における経営学の必要性

　登録養成課程では、このような実習経験を積むことで実践的なスキルを身につ
けるのであるが、中小企業に対する診断や助言により厚みを持たせるために欠か
せないのが、経営全体に関する理論である。登録養成課程では、実習を通じて実
践的な診断スキルを身につけることに加え、中小企業で生じている経営課題に対
し、経営学の理論を用いて説明し、具体的な解決策を提示するスキルを学ぶこと
ができた。ただし、ここでいう理論はあくまでも地に足のついた現場で活かすこ
とができるものであり、決して頭でっかちになっていないのが特徴である。

　実践と理論という2つのアプローチスキルをバランス良く診断や助言に活かす
実学重視の姿勢は、登録養成課程でないと学ぶことができないものであり、私が

診断士として働く上で非常に役立つものとなった。

（9）診断士ネットワークの強化と今後

　診断士活動を円滑に行う上で重要なポイントの1つに、人脈、ネットワークが挙げられる。多くの診断士に質問しても、そう答えるであろう。では、読者の皆さんは、診断士のネットワークと聞いて、どのようなものを想像するだろうか。診断士のネットワークとは、自らの強みをアピールし合い、それぞれが抱える課題などの情報を交換し、相談し合う場であると考える。

　診断士のネットワークには、さまざまな種類や性格、目的が存在するが、重要な点は、自らがどのネットワークに身を置き、そこでどのような情報を得て活動をするのか、つまり、自身の立ち位置を明確にすることである。逆にいえば、自分が関係するネットワークでどのような情報を発信して活動するかによって、ネットワーク内での自身の立ち位置が決定するという側面もある。

（10）拡大する診断士ネットワーク構築

　私は診断士1年目であるが、「フレッシュ診断士研究会」をはじめ、多くの研究会やマスターコース、東京都中小企業診断士協会中央支部の広報部、さらには文京区のNPO団体にも所属して、自らの得意分野を発信し、参加メンバーへの有益な情報提供を心がけている。登録養成課程の同期とも、定期的に勉強会を行っている。

　登録養成課程では、同期の他にもさまざまなネットワークを構築することができた。たとえば、優秀な講師陣である。各分野に精通した講師陣とのやりとりは、診断士になった後も自身の幅を広げるためにとても有益となっている。さらに、先輩や後輩とのネットワークもある。私は東洋大学大学院登録養成コースの12期生であるが、脈々と続いてきた先輩卒業生とのネットワークに加え、今後さらに継続する後輩たちとの交流も頼もしいネットワークといえよう。

　2次試験に合格し、実務従事か実務補習を経て診断士登録することは素晴らし

いことであるが、私の場合、診断士登録後のネットワーク構築を考えると、登録養成課程のメリットの方が勝ったといえよう。しかし、私自身まだ診断士登録1年目であり、登録養成課程で得られたネットワークを有効活用できるかどうかは、自分自身の考え方や行動に大きく左右されると思う。

　今後も登録養成課程で得られたネットワークを活用し、初心を忘れず、より良い診断士になるための努力を、日々積み重ねていきたい。「素晴らしいネットワークは、1日にして成らず」である。

第5章

私はこのように診断士資格を活かしている

5-1
職業モデルの私が合格直後に 仕事を取れた理由

（1）職歴・強みを持たない私が診断士を目指したきっかけ

皆さんは、まわりに自信を持って話せる職歴や強みをお持ちだろうか？

私は、ずっとモデルで生計を立ててきた。会社員として働いた経験がほとんどない。自信を持って人に話せるような職歴や専門分野がなく、中小企業診断士（以下、診断士）試験に関する知識もゼロからのスタートで、試験勉強を始めた当初は全科目 "ちんぷんかんぷん" だった。

そんな私が、なぜ診断士資格の取得を目指したのか。きっかけは、2020 年からのコロナ渦で仕事が激減し、新しい働き方を考えなければならなくなったことだ。これまでやってきたモデル業とまったく違う分野の仕事を始めるにあたって、強みを持たない状態ではきっと満足な収入を得られないだろう。それならば、何か仕事につながる資格を取ろうと考えた。

どの資格を取得するか検討する中で、知人に「中小企業診断士という資格が取

図表 5-1-1 「モデル×診断士」でシナジーを追求

れたらすごいからやってみれば？」と言われた。そこで、診断士について調べてみたところ、1次試験に7科目もある難関資格であることを知った。会社員経験がほとんどない私にとって幅広い知識を学べるのは好都合だと思い、資格取得にチャレンジすることを決めた。

（2）資格を仕事につなげる準備を試験勉強中から始めた

　合格したらできるだけ早く資格を活かした仕事をしたいと考えており、試験勉強中から行動に移していた。事前に準備することで、試験合格直後から仕事を獲得することができている。実際に私が仕事につなげられた方法を紹介したい。

①受験を人に話す

　試験勉強中から、「診断士試験を受ける」、「絶対に1年で合格する」と周囲に話していた。決して自信があったわけではなく、診断士試験への挑戦を知ってもらうことで、合格後にニーズがあれば仕事につながるのではないかと考えたからだ。

　周囲に話していると、「受かったら、この仕事をお願いしようかな」、「資格を取ったら、この会社と業務委託を結んで働くといいかも」など、仕事につなげてもらえそうな話やビジネスチャンスの話をたくさん聞くことができた。そして、診断士資格の活用可能性や、今後仕事をしていく上で自分にはどのような知識や能力、人脈が必要かを思い描くことができた。また、人に話すことで自分に活を入れることができ、モチベーションも高まった。

②マインドマップを作成する

　頭に思い浮かべたことや周囲のアドバイスを整理するため、マインドマップの作成を行った。自分にできること、できないこと、どのような能力を高めたいか、専門分野をどうしていきたいか、既存の人脈をどう活かすか、どのような人脈を得る必要があるかを考えて、複数ライセンスの取得やコンサル力アップ、女性チームを作るなどの目標を、**図表5-1-2**のように1枚にまとめた。

　頭の中で考えるだけではなくマップにすることで、考えがより明確になる。そして、マップを意識しながら行動することができる。行動しているとさらに新し

図表 5-1-2　マインドマップ

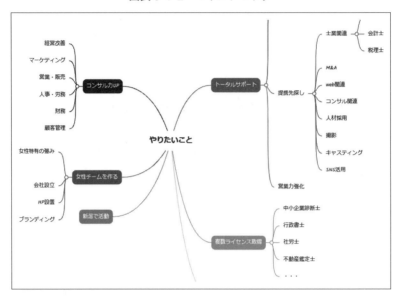

い発想や情報が得られ、マップがさらに広がる。仕事につながる流れや人脈を考える上でとても有効だ。

③趣味の延長として昭和の営業を活用する

　飲み会やゴルフといったいわゆる「昭和の営業」は今どき流行らないという人も多いだろうが、関係性構築や仕事を得る上で役立っている。

　私がはじめて受けた仕事も、まさにゴルフに向かう車内でいただいた。ときどきゴルフにご一緒させていただく経営者の方に診断士試験に受かったことを報告したところ、「今、ちょうどM&Aを進めていて、デューデリジェンス（買い手側企業が売り手側企業の価値やリスクを調査すること）をやりたいんだけど、やってくれますか？」という話が進んだ。

　私はゴルフもお酒の席も大好きなので、趣味の延長として昭和の営業を楽しみながら、診断士活動に活かしている。

（3）人のつながりとモデル経験を仕事に活かす

①チームで仕事を取る ～チームビルディング～

　実務補習で素晴らしい仲間たちと出会い、リーダーが最初に言った「チームビルディングを大切にしよう」という言葉が、自分の役割を考え直すきっかけになった。自分一人ではできない仕事も、チームならこなすことができる。思い浮かばなかった発想が生まれる。チームで仕事をすることで、受けられる仕事の幅が大きく広がるのだ。

　仕事の受け方をイメージする中で、実務経験が圧倒的に不足している私が最初から1人で仕事を完成させるのは難しいだろうと感じていた。足りない部分を補ってくれる仲間たちに出会えたことで、道が拓けた。本当に頼もしい仲間を得られたことに感謝している。

　前述したデューデリジェンスを受ける際も、それまで私自身はデューデリジェンスなどやったこともなかったが、社長に「すごく良いチームができたので、ぜひやらせてください」と返事をして、チームをウリに仕事をいただいた。さらには、会計士・税理士もチームに加わってくれ、先方からは「今まで依頼した中で、一番良かった。また、絶対お願いする」との評価をいただいた。他の経営者の方もこの評価を聞いて、仕事を頼みたいといってくださっている。これからチームでどのように仕事が広がっていくか楽しみだ。

足りない部分を補ってくれる仲間たち

②モデル経験を新たなビジネスに活かす

　ずっと本業としてやってきたモデル業を何か新しいビジネスに活かせないかと考え、知り合いの撮影チームに声をかけて、ビジネス撮影サービスをスタートし

図表 5-1-3　ビジネス撮影サービス

た（図表 5-1-3）。

　士業は顔を覚えてもらうために名刺に写真を入れた方がいいと聞き、それなら
ばと、得意分野を活かして差別化できる写真を入れた。写真入り名刺を配ってい
ると、同じ診断士の方々から写真の撮影に関して質問をいただくことが多かった
ので、自ら撮影サービスを始めた。地区の診断士会からの団体撮影や同期合格者
仲間からの依頼、クライアント企業のホームページ用写真の撮影依頼をいただく
ことができている。

　先輩診断士の方々にも面白いといっていただき、セミナー登壇も行っている。
印象を良くする立ち方、歩き方、座り方、プロフィール写真の写り方など、ビジ
ネスで使える見せ方を伝えるために試行錯誤しているところだ。

③資格取得後は会に参加する

　合格後に知ったことだが、診断士には、中小企業診断協会だけでなく、地区の
診断士会、マスターコース、研究会、部会など、さまざまな会で活動するチャン

図表 5-1-4　診断士 1 年目に所属した団体

協会	東京都中小企業診断士協会　中央支部
マスターコース	みんなのプロコン塾
研究会	フレッシュ診断士研究会／ファッションビジネス研究会
部会	会員部／広報部／研修部／青年部
NPO	NPO みなと／ちよだ中小企業経営支援協会
その他	HINeT／えんまん

スがある。新人のうちは特にいろいろな会に参加した方がいいと先輩診断士の方に教えていただいたので、スケジュールが可能な範囲で入会した。

　会への参加は先輩や同期の診断士とのつながりができ、情報収集や人脈形成、学びの場となる。すぐに仕事につなげられる会もあるので、合格後は何かしらの会に入会することをおすすめしたい。参考までに、私が 1 年目に所属した団体は、図表 5-1-4 の通りである。

（4）モデルと診断士のシナジーを追求する

　これから診断士としてどう進むか。診断士は女性の割合が約 1 割で、男性診断士に比べて圧倒的に少ない。だが、美容業界やファッション業界を中心に、女性診断士への依頼は多いそうだ。これはモデル経験が活かせるチャンスだと感じ、こうした業界のコンサルにつながりそうな勉強を進めている。

　他にも診断士とのシナジーが得られる複数ライセンスの取得を目指して資格試験の勉強を行うとともに、診断士としての能力を高めるために来年度のマスターコースへの入会も決めた。業務委託を結んで働くことや、新しいビジネスを始めることを検討中だ。

　まだ手探りではあるが、アンテナを張って積極的に活動している。診断士の可能性は無限大！　この先の活動が楽しみである。

5-2
企業内診断士として
人生の可能性を広げる

　私は、会社員として平日は社業に力を傾けつつ、週末は中小企業診断士（以下、診断士）として二足のわらじを履いて活動している。診断士資格を取得することの価値は、資格を資格として活かすだけでなく、自らの可能性を広げることにあると感じている。企業内診断士の実際と展望について、以下に整理し、お伝えしたい。

（1）診断士活動の実際

　私はインド駐在中に、独学で診断士試験を受験した。テキストや問題集だけを頼りにした暗中模索の勉強であり、また、1次試験、2次試験とインドと日本をとんぼ返りで往復する受験であったため、合格したものの知り合いもなく、どのように活動していけばいいかわからない状態だった。

　そこで、東京都中小企業診断士協会（以下、東京協会）のオータム・フォーラムに足を運び、その日からネットワークが大きく広がることになった。そのつながりから、さまざまな活動の機会をいただいている。

①マスターコースや研究会を通じた活動の場づくり

　東京協会では、多くのマスターコースや研究会等が活動している。東京協会と6支部の研究会等は、合計で140も存在する（2022年8月15日現在）。複数の研究会に参加している診断士も多い。

　その多くはプロフェッショナルコンサルタントとしてのスキル向上を図るものだが、それに参加する意義は決してスキル向上に限られたものではない。所属企業を離れ、日常では交わることのないさまざまな人たちと知り合い、会社でも家

図表 5-2-1　診断士 1 年目に所属した団体

協会	東京都中小企業診断士協会 中央支部
部会	同支部 国際部
マスターコース	みんなのプロコン塾
研究会	フレッシュ診断士研究会
研究会	人を大切にする経営研究会
研究会	ふらっと研究会

族でもない新たな居場所をつくることができる。意欲のある方々が集うマスターコースや研究会という場で、同じ診断士の先輩や仲間たちとの知己を得て、自らの視野や人脈、ネットワークが広がっていく。

　マスターコースや研究会は、卒業後も仲間が集う活動の基盤や居場所となることが多い。企業内診断士が自身で営業活動を行い、顧客を開拓していくことは、現実的には難しい。企業内診断士が活動の一歩を踏み出すためのベース、それがマスターコースであり、研究会である。参考までに、私が 1 年目に所属した団体を、図表 5-2-1 に示す。

②セミナーを通じた自身の経験のアウトプット

　診断士の 1 次試験で学ぶ 7 科目は、診断士でなくとも求められるビジネススキルである。また、「中小企業経営・政策」については、診断士ならではの知見といえるだろう。そこで、勤務先の若手営業職を対象に、診断士を講師としたセミナーを企画・開催した。取引先には中小企業も多く、それらの企業が置かれている環境や課題について、中小企業白書をもとに説明したものである。講師は他の診断士の先生にお願いしたが、勤務先で診断士が有する知見をどのように活かすか、その意義を考え、そして企画・実行する機会となった。

　社外の診断士活動では、自身も講師としてセミナーに登壇している。東京協会中央支部には、さまざまな部活動がある。私は国際部に所属しており、「国際派診断士リーダー養成講座」（国際社中）に講師として登壇する機会をいただいた。

国際派診断士リーダー養成講座での登壇

　自身のこれまでの海外経験を講演資料に落とし込み、多くの人に伝えるという経験は、一会社員である私にはなかなかない貴重な機会であった。

　その他にも、国際部のブログ「グローバル・ウインド」の執筆や、中央支部eニュース「新人診断士この1年」への寄稿など、さまざまな発信の機会をいただいた。これらは、診断士の世界では決して珍しいことでなく、求めれば機会は巡ってくる。あとは、その機会を実際にとらえるかどうかである。診断士としての自信を高めるインプットだけでなく、自身の持つ力をアウトプットするという方向へ舵を切ることで、新しい世界を開くことができる。

③他の士業とのコラボレーション

　社会保険労務士として開業している妻の苦労を知り、その側面支援を行うことができるようになったことは、公私ともに診断士となった直接的なメリットである。お互いの強みを活かし、支援先を紹介したり、セミナー資料をまとめたりと、1人ではなく2人であることのメリットは大きい。

　社会保険労務士は、労務や年金などの専門家として、企業と行政機関の間の各種手続きやその説明・アドバイスを行ったりするスペシャリストである。社会保険労務士が持つ深い専門知識は、診断士にはないものといえるだろう。

　一方、社会保険労務士も、支援先の多くは中小企業の経営者である。そのため、制度や手続きに関する個別具体的な問い合わせだけでなく、人事面に関する広範なアドバイスを求められることも多い。人事面の問い合わせの背景には、その中小企業のビジネスそのものがある。それはまさに、診断士の得意分野といえるだろう。未来に向かって事業戦略をどう考えているのか、何が課題となっているのか、その一側面として人事や労務があるのであり、決して独立したものではない。

　支援先である経営者のお困りごとを理解し、寄り添い、そっと背中を押すことは、社会保険労務士やその他の士業と診断士の相乗効果が生まれる活躍のフィールドといえる。

④勤務先以外の企業のお困りごと支援

　診断士の資格が、意外なつながりを生むことがある。知人より、事業の相談に乗ってほしいとの話があった。身近な知人のお困りごとについて、そのサポートに一役買えることは大きな喜びであった。その後、その会社と妻の社会保険労務士事務所が契約するに至り、現在も関係が続いている。また同様に、知人から企業を紹介されることもあり、診断士が活躍できるフィールドの広さを実感している。

　また、診断士仲間からの紹介で、事業再構築補助金の申請を支援する機会も得た。実際に1人で企業を訪問してヒアリングし、事業計画書の作成やさまざまなアドバイスを行う経験は、会社員では得難いものであり、経営者の想いに触れた者として、無事採択されたときの安堵と喜びはひとしおだった。

　このような中小企業の支援は、診断士の本分であると同時に、さまざまな業界や企業、そして経営者の想いに直接触れ、手触り感をもって実体験するまたとない機会でもある。就職以来、長らく同じ企業に勤めていると、その企業の文脈に即したスキルやノウハウには熟練することができる。しかし、つながりのない業界や企業について真剣に調べ、考え、そして内側から伴走するような機会は、ほぼ存在しないだろう。

会社員ではなく、1人の独立した診断士として、相手先に貢献しなければならない大変さとプレッシャーを感じつつ、それを乗り越えれば、自らの糧としてさらに成長の階段を上ることができる。研修やケーススタディとは根本的に異なる、責任を負いながらの自己研鑽ともいえる。企業内診断士として、本業にも必ず活かすことができる。

(2) 企業内診断士の可能性

①迫る生涯現役時代

　男女ともに、65歳を過ぎても多くの方が就業している（図表5-2-2）。迫る生涯現役時代においては、活躍の期間を長く伸ばしていく必要がある。会社員として65歳、70歳まで自身の付加価値を発揮できなければ、居場所も収入も失われてしまう。また、定年後も長く続く人生をまっとうするためには、引退して悠々自適などともいっていられない。

図表5-2-2　60歳以上の就業状況

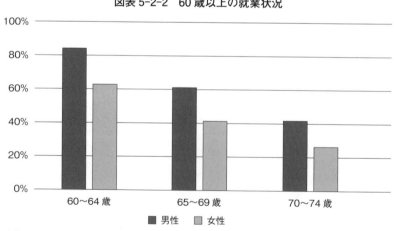

出典：内閣府「令和5年版高齢社会白書」より筆者作成

②人生のコントロールを自らの手に

　前述のとおり、診断士にはさまざまな活動の場があり、望めば機会を得ることができる。しかし、率直なところ、会社員と診断士の両立は簡単ではない。特に、企業内診断士が自ら支援先や顧客を開拓することは難しい。また、診断士としての活動に注力すればするほど、平日も週末もなく、その忙しさに苦しむことになる。決して華々しくはない。それでは、会社員にとっての診断士資格とは何なのか。

　会社員である以上、勤務地も仕事も、会社から指示されることが一般的である。人事異動は自分の人生を左右しかねない一大事だが、基本的には受動的な立場でいるしかない。いいかえれば、人生のコントロールの多くを会社に預けているととらえることもできるだろう。その前提の中で、自分がどう最大限の力を発揮するかを考え、行動することになる。

　診断士の世界に足を踏み入れ、もう1つの視野を持つことが重要だと気づかされた。それは、自分の興味や感性を大事にし、追求する能動的な観点である。会社員は次々と現れてくる仕事に立ち向かうことが主となるが、診断士は立ち向かうべき相手を自ら探しにいくことになる。行きつく先がわからなくても、保守的ではいられない。

　企業内診断士の活躍のフィールドは、会社の中にも外にもある。会社員としての仕事と診断士としての活動の両方に力を尽くし、異なる2つの軸を突き詰めることで、違う世界が見えてくるのではないだろうか。その両軸を確立する上で必要となるのは、腹を決めて一歩を踏み出す気力、そして懸命に踏ん張りやり抜く行動力だと感じている。どんなことでも興味を持ってチャレンジしてみるよう心がけ、それを愚直に実行することが、自らの可能性を広げることにつながっている。企業内診断士として、会社員と診断士の相乗効果を生み出しながら、自らの手で人生をより良いものへとコントロールしていきたい。

（1）土俵の真ん中で相撲をとれ

　独立開業するためには、単にリスクを取り、追い詰められてから本気を出すのではなく、入念な準備と経済的な安定基盤が重要である。

①余裕があるときの準備

　京セラの創業者で日本を代表する企業経営者の1人・稲森和夫氏の言葉に「土俵の真ん中で相撲をとれ」というものがある。これは、土俵際に追い詰められるまで待たずに、余裕を持っているときに必要な行動を起こせという意味で、「火事場の馬鹿力」と対極をなす言葉である。

　独立する中小企業診断士（以下、診断士）にとって、この教訓は最も重要であると思う。土俵の真ん中で技をかけて失敗してもまだ挽回できる余地があり、次の一手、二手を繰り出すチャンスがある。余裕を持っているときに必要な行動を起こしていた方が勝率が高くなるのは間違いない。

②フィナンシャル・プラン

　私の先輩診断士の中に、追い詰められないと力を発揮せず「土俵際の魔術師」を自認する方がいた。独立後、土俵際で戦っているうちに次第に危機感が薄れ、経済的に困窮し始めた。その後、やむを得ずコンサルタントとは無縁なアルバイトに頼るまでになってしまい、気づけば診断士からフェードアウト。このことからも、収入源となりうる候補を複数持ち、収支のバランスを計画することは必須である。

③貯金より安定した不労所得

　老後のために貯蓄をして、それがあと何年もつかという考え方に立つと、不安

図表 5-3-1　所得計画イメージ

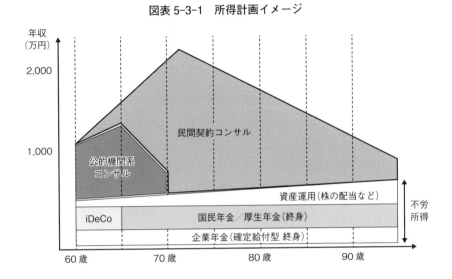

がつきまとう。一方、生涯にわたって、毎年必要な支出以上の安定した収入があれば、何年経っても安心である。その収入が不労所得であると、なおいい。

　私は退職する際、退職金を一切受け取らず、すべて企業年金として生涯にわたって受け取る選択をした。また、資金運用の詳細は割愛するが、iDeCo やNISA は上限まで利用し、株式については売買益を求めるキャピタルゲインから、配当益などを安定的に求めるインカムゲインにシフトし、定常的な収益の確立を図った。

　図表 5-3-1 は、私の所得計画イメージである。60〜65 歳は、一般に年金の空白期間であるが、iDeCo を運用して 5 年間で年金として受け取るようにした。

　診断士として、コンサルタントの仕事を獲得していくためには、どうしても種まきの期間が必要で、自己投資も不可欠である。こういうときこそ、安定収入があると、土俵の真ん中で相撲を取りやすくなるのではないだろうか。

（2）セルフブランディング

　診断士として成功するためには、セルフブランディングによって自分のオンリーワンの価値をアピールしていく活動が欠かせない。これにより、支援先企業から、単なる業者やサービス提供者ではなく、個性のある1人の人間としてみてもらうことができる。そうすることで親しみやすさを与え、問い合わせを受ける機会を増やすことになる。また、強い自分ブランドを確立することで、得意とする分野で自身の露出度が高まるため、インタビューや講演などの依頼が増え、ビジネスチャンスが広がる。差別化することができれば、価格競争を回避でき、利益向上につながる。

　これを実現するため、①自分自身を深く理解する、②ターゲットを設定する、③自分ストーリーを描くという手順でセルフブランディングを実践した。

①自分自身を深く理解する

　まず、支援先を分析することと同様に、自分自身を客観的に分析することが必要である。図表 5-3-2 は、私の個人 SWOT である。最先端の IT 企業で企画部門に長く籍を置き、経営企画や事業企画などの立案にかかわってきた。マーケティングに関しては、専門教育を半年間受けた後、マーケティング部長を経験し

図表 5-3-2　個人 SWOT

■機会（O）	■脅威（T）
中小企業診断士へのニーズが高まっている DX の流れで、IT 相談件数が増えている SDGs が浸透し、中小企業でも**気候変動対策**が必須となってきている	After コロナでは、補助金申請が減る 人口減少（市場規模縮小） 世界的インフレや円安で経済が疲弊
■強み（S）	■弱み（W）
富士通、IBM と IT 系大企業のマーケティングや企画部門を長年経験している 中小企業の経営企画責任者（3 年間）として、**気候変動対策をリード**した IT 系人脈が広い（IBM OB 会の事務局を継続している）	還暦を過ぎており、健康面で不安がある コンサルタントの実績が乏しい 財務面での知識に乏しい

図表 5-3-3　コンサルティング・ターゲット

■気候変動対策
・CO_2 の排出の見える化、排出量削減目標の設定（SBT 設定支援※）
・国際的に通用する各種規格取得支援
■中期経営計画策定支援
・DX 改革や SDGs を取り入れた全社的成長戦略の見直し
・新規事業創出
■デジタルマーケティング
・全社的戦略に基づくマーケティング施策
・AI、IoT 導入支援マーケティング
※Science Based Target：パリ協定が求める基準と整合した企業が設定する温室効果ガス
　排出削減目標

ている。

②ターゲットを設定する

　ベンチャー企業であるアセンテックに在籍していた頃、東証プライム市場への上場を目指していた。上場に求められる重要な要件の1つに、カーボンニュートラル（脱炭素）があり、中小企業にとって時代を先取りした課題に取り組めたことは希少価値があった。「機会×強み」を中心に SWOT を総合的に勘案し、主要コンサル分野のターゲットを、**図表 5-3-3** のように定めた。

③自分ストーリーを描く

　セルフブランディングは、自分自身の価値を高めるために欠かせないが、短期間で実現できるものではないため、中長期的な目線で自分なりのストーリーを描くことが必要である。私の場合、得意とする DX やマーケティングを前面に掲げたかったが、この分野は競争が激しく専門家も多いレッドオーシャン市場であったため、新参者の私は、ニッチで成長性の高いカーボンニュートラルを第一に掲げた。

　中小企業において、カーボンニュートラルは社会貢献活動の一環とみなされており、まだまだ取り組んでいる会社は少ない。しかし、環境省や経済産業省をはじめとする公的機関では推進する動きが活発であり、中小企業の取り組みにとっ

てはブルーオーシャンである。カーボンニュートラル関係の仕事に片っ端から応募したところ、不採用も多かったが、全体として競争率が高くないので、何とかフックをかけることができた。不思議なもので、1つ実績ができると連鎖していく。

　診断士がコンサルティング活動を拡張していく一般的なパターンとして、公的支援機関からスタートして、徐々に民間契約につなげていくというシナリオがある。短期的にはカーボンニュートラルという尖ったスキルと経験を用い、公的機関をきっかけにして、中期的には市場規模の大きいDX、マーケティングを中心に中期経営計画策定などへ範囲を広げ、民間契約に進出するというストーリーを描いた。

(3) 徳川将軍家の指南役 柳生家の家訓

　小才は、縁に出会って縁に気づかず
　中才は、縁に気づいて縁を生かさず
　大才は、袖すりあった縁をも生かす

　これは、江戸時代の初期に家康、秀忠、家光の3代に仕えた柳生宗矩（やぎゅうむねのり）の言葉である。徳川家が300年の太平の礎を築く上で、大きな影響を与えたといわれる。この言葉には、敵をも味方に変えてしまう「活人剣」という、深遠かつ高邁な思想が込められている。本書の編者である小林勇治氏の講義の中でも、たびたび話題にされていた。まさに、人と人との縁を活かすことこそが、独立した診断士としての成功のカギとなるのである。

　図表5-3-4は、私が所属している組織である。前述のセルフブランディングを活かせそうな20以上の組織・研究会などに体験入会して、現在は10程度に絞って活動している。相互に関係なさそうに思える組織でも、人と人のつながりがあれば、大きなシナジーが発揮される。柳生「活人剣」とはいかないまでも、人の縁は最大限に活かしたいものである。

図表 5-3-4　診断士 1 年目に所属した組織

所属組織	部署・研究会
東京都中小企業診断士協会	・経営革新計画実行支援研究会（KKJS） ・6 次化農業研究会 ・売れる！ 人気プロ研修講師コンサルタント養成講座（売れプロ）11 期 ・中央支部 フレッシュ診断士研究会（フレ研）34 期 ・中央支部 ふらっと研究会 ・中央支部 総務部 ・三多摩支部 環境マネジメント研究会 ・城東支部 社会貢献事業 気候変動対策チーム
中小企業基盤整備機構	・経営支援部 企業支援課 省エネ担当
東京環境経営研究所	・地球温暖化対策本部
特定非営利活動法人 東京都中央区中小企業支援センター	（NPO ちゅうおう経営支援）

（4）ポートフォリオワーカーとしてさらなる飛躍へ

　図表 5-3-5 は、今年 1 年間の収入源の割合である。セルフブランディングや柳生家の家訓を指針として、「カーボンニュートラル」という尖った武器を手に、中小企業基盤整備機構（中小機構）をはじめとする公的機関の仕事獲得につながった。また、年金や資産運用等の雑所得（不労所得）は精神的な安定にとても寄与している。研究会由来の仕事によ

図表 5-3-5　収入源の割合

年金／雑所得 32%
中小機構 41%
養成課程 2%
前勤務先 4%
公的機関 14%
研究会 7%

る収入（7％）はまだ少ないが、先輩診断士のカバン持ちを通じてノウハウの取得や人脈の形成ができるため、民間契約につながる大きな伸びしろが期待できる。
　以上のように、人生 100 年時代、多様な生き方をするポートフォリオワーカーを目指す私にとって、診断士資格はなくてはならないものとなっている。

5-4

診断士資格で人生 100 年時代を充実したものに！

（1）情報ゼロからのスタート

①いざ診断士になったものの…

コロナ禍の中で、独学で中小企業診断士（以下、診断士）資格に合格した私は、まわりに相談する人がおらず、診断士活動に関する情報をほとんど持っていなかった。診断士や診断士を目指す人にはじめて接したのは、実務補習（15日間コース）であったくらいである。

②どこの協会に入ればいいのか

診断士として活動する際、協会（東京においては支部）を選んで入会する人が多いが、どの支部に入るかで私は早くも壁にぶつかった。自宅のあるエリアの東京都中小企業診断士協会（以下、東京協会）城北支部がいいのか、勤務地近くの中央支部がいいのか、もしくは実務補習の先生が属している埼玉県中小企業診断協会がいいのか…。どこに入会するかでその後の診断士活動が大きく左右されるような不安もあり、決めかねていた。

③迷った挙句に決めたのは

結局、迷ったら一番大きい中央支部がいい、そしてマスターコースに入るのが王道だというネット情報を頼りに、中央支部入会を決め、銀座にある東京協会に入会届を提出したのが2022年6月である。

中央支部入会後は、マスターコースの1つであるみんなのプロコン塾（以下、みんプロ塾）の説明会に参加した。その後の懇親会で、先輩や同期の診断士と情報交換を行った。リアルの場でリアルな話を聞き、大変参考になり、雰囲気も良かったので、みんプロ塾への入塾を決意した。

④フレッシュ診断士研究会との出合い

また、その場でフレッシュ診断士研究会（以下、フレ研）にも入会した方がいいとのアドバイスをいただき、すぐに申込みをした（ただし、申込み期限が過ぎており、秋まで入会を待つ必要があった）。このようにして、右も左もわからなかった私も診断士活動のベースを確保し、晴れて診断士活動を始めることができた。

⑤フレ研とみんプロ塾で活動中

現在は、フレ研とみんプロ塾において、図表5-4-1に示すような活動を行い

図表5-4-1　フレ研とみんプロ塾での主な活動

フレッシュ診断士研究会	みんなのプロコン塾
33期秋入会	9期生
34期事務局	10期事務局
創業セミナー受講	15業種別審査事典の執筆
合格・資格活用の秘訣Vの執筆	補助金申請支援
MMMメソッドレベルⅠ	実務従事
	IT案件プロジェクト参画

みんプロ塾での報告会の様子

ながら、東京協会の各種行事や研究会に参加して、診断士としての基礎固めとネットワークづくりを行っている。

その際に心がけていることは、可能な限りリアルで参加し、懇親会には必ず参加することである。やはりリアル参加は臨場感があり、いろいろな面で効果的であるとともに、懇親の場で楽しくネットワークを広げることができる。

（2）診断士としての挑戦

①2024年問題

私が働いている建設業界は、「2024年問題」に直面している。働き方改革を推進するための関係法律の整備に関する法律が、2019年4月1日に施行された。建設業界は、高齢化や労働人口の減少に伴う人材不足で長時間労働が常態化していることから、5年間の猶予期間が与えられていた。それが、2024年3月いっぱいで終わり、4月から全面適用されることになる。

②建設業界の現状

現場で働く人の残業時間が月100時間以上になることがざらにある建設業界で、この問題はかなり深刻である。現場に携わる人員を何とか増やすことで、無理やり残業時間を減らしているのが現状だ。しかし、昨今、大きな人身事故や設備事故が多発しているのは、この対応がうまくいっていない証拠である。

③建設業界とDX

そこで、大手企業は、最先端のデジタル技術を活用し、既存の生産プロセスそのものに抜本的な変革をもたらす建設デジタルトランスフォーメーション（以下、DX）を掲げながら大胆な業務の効率化を試み、この問題を解消しようとしている。しかし、重層構造の建設業の業態を考えると、大手企業だけが対応しても解決にはならない。建設業者は、**図表 5-4-2** に示すように、約94%が従業員20人未満の中小企業である。建設業界を支える中小の建設業者こそ、DXが必要である。

図表 5-4-2　建設業の従業者規模別企業数

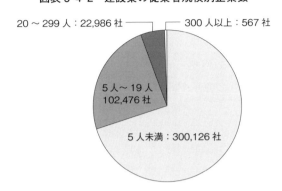

出典：総務省統計局「令和3年経済センサス-活動調査」より筆者作成

④DX をわが武器に

　私は仕事柄、多くの協力会社や顧客会社の中小企業経営者と接する機会があり、経営者に敬意の気持ちを抱くとともに、経営自体にも興味を持つようになって診断士を目指した。今後は、これまでの経験や知識と**図表 5-4-3**に示す保有資格を活かし、建設業界の中小企業の DX を手助けしたいと考えている。

　DX は多くの分野や企業で、思うように進まない現状にある。私自身、具体的

図表 5-4-3　保有資格一覧（抜粋）

資　格　名	
中小企業診断士	CATV総合監理技術者
技術士（電気電子部門）	第3種電気主任技術者
監理技術者（電気、通信）	雷保護技術者（LPS、SPM）
電気通信主任技術者（伝送交換、線路）	酸素欠乏危険作業主任者(第2種)
第1級陸上無線技術士	工事担任者　AI・DD総合種
ネットワークスペシャリスト	高所作業者運転業務（10m未満）
情報処理安全確保支援士	物流技術管理士
応用情報技術者	衛生管理者（1級）

にどう取り組めば成功に導くことができるか、診断士として引き続き学びながら建設DXを実現していくつもりだ。

（3）独立診断士としての将来

①人生100年時代を診断士で生き抜く

　私は、まもなく60歳になる。私のサラリーマン生活もあとわずかである。しかし、**図表5-4-4**で示すように、人生100年時代を考えると、サラリーマン生活を過ごした年月とほぼ同じ期間がまだ残っている。この人生100年時代を生き抜くために、サラリーマン終了後も独立診断士として活躍することを私は目指している。

図表5-4-4　私の社会人年表

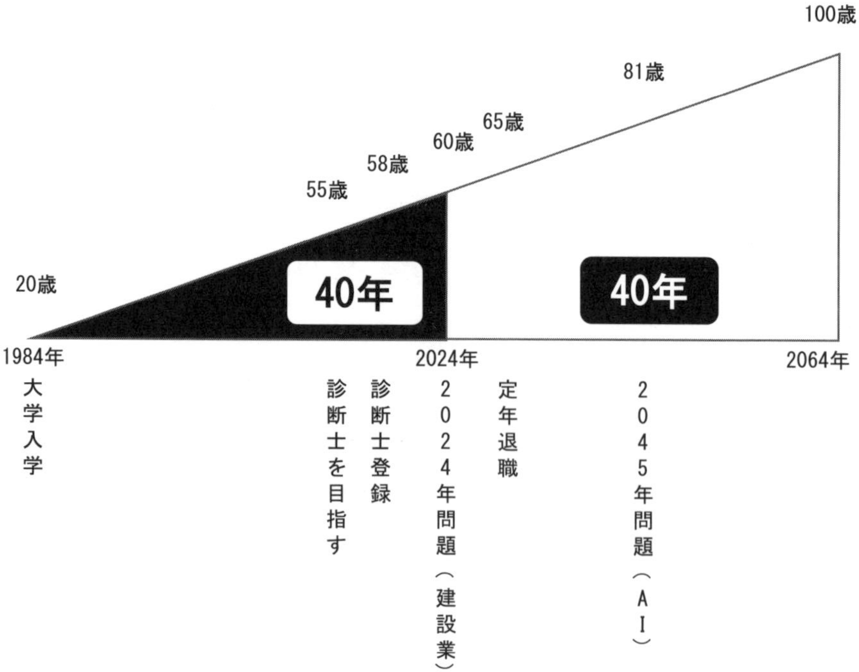

②やることは、山ほどある

独立診断士として活躍できれば、今まで他人事としてあまり真剣に考えなかった人工知能（AI）の性能が人類の知能を超える「2045年問題」にも直面することになるだろう。DXとともにAIとの関わり方も学び、対応していかなくてはならない。やることが、山ほどありそうだ。

独立診断士としてさまざまなことを学びながら活動していけば、人生100年時代を、最後まで悔いなく生きていけそうである。

（4）100歳まで充実した人生を

このように診断士の資格を活かして、100歳までの今後の人生を、ただ長く生きるだけでなく、充実したものにしていきたいと心に期している。そのために診断士資格を取り、活動している。

ちなみに、私の考える充実した人生とは、体も頭も健康で、いつまでも楽しくお酒を嗜めることである。酒蔵の息子として生をうけてから天寿をまっとうするまで楽しく酒を飲む。これを実現するために、診断士としての活動、そのためのさまざまな勉強やネットワークづくりなど、診断士資格をフル活用するつもりだ。幸い、診断士になって、楽しく飲む機会が格段に増えたので、今のところ私の判断は間違っていないようである。

第6章

診断士活動を経験した私が今、思うこと

6-1

ご縁に感謝！
アグレッシブに行動してよかった

（1）養成課程を修了、その前に独立⁉

①大きな組織で自分を試したかった

　私は、2022年5月に中小企業診断士（以下、診断士）に登録した。しかし、独立は登録前の2月。ということで、とにかく焦っていた。何とか仕事を得なくてはということで、さまざまな伝手を使い、各方面にアクセスをして、ネットワークの構築を試みた。とにかく、すぐに診断士協会に入会した。私は東京在住なので、東京都中小企業診断士協会（以下、東京協会）、その中でも一番大きい中央支部に入会した。理由は、大きい組織で自分を試してみたかったからである。

②リアルな出会いがつながりになる

　養成課程修了後、診断士登録までの間、準会員として入会した。そして、東京協会や中央支部からのメールを待ち焦がれた。私がかかわれそうなイベントにはすぐに反応して、申し込んだ。2022年はコロナ禍が収まりつつあったため、会合はハイブリッドだった。コロナ対策をしっかり行い、人数制限があるのをかいくぐって現地に行き、少しでも多くの診断士に出会うようにした。先輩診断士はもちろんのこと、同期になる診断士とも積極的に会った。その人脈は今でも続いており、診断士の仲間であり、良き理解者であり、最高の友だちである。2022年11月には東京協会に加えて、千葉県中小企業診断士協会（以下、千葉県協会）にも入会した。同様に多くの素晴らしい仲間と出会うことができた。

新しい仲間たち（右から2人目が筆者）

（2）主（あるじ）の自覚

　独立した以上、私は一国一城の主である。つまり、自分は唯一無二の商品である。まだまだ駆け出し診断士であるが、キャリアの長さは関係なく、自分の替えはいないという自覚を持っている。

　主の自覚として、夏でも上着とネクタイを着用する。暑苦しいし、実際暑いが、どこにいて誰と会っても、恥ずかしくない外見と内面を心がけている（もちろん、夏はこまめに水分を補給）。

　また、夏でもマスクは着用する。コロナが第5類になっても、どこでかかるかわからない。自分の体調や都合により、取引先に迷惑をかけない。これもプロ意識の1つである。

（3）仕事のありがたさ

①もしかして、ワーカホリック？ いやワークエンゲイジメント!!

　よくないことかもしれないが、休まず動いていないと、逆に体調が悪くなりそうである。自分の好きなことができているので、あまり疲れを感じていない。そ

れが、診断士として独立した醍醐味だと思っている。当然のことながら、大いなる自由には大いなる責任が伴うことは承知している。とはいえ、適度に休みは取っている。

②プロ根性に目覚める（神の召喚方法とは）

独立したら、頼るのは自分だけである。仕事の話をいただいたときは、答えは、「はい」か「イエス」しかありえない。仕事も、自分の経験や知識のある分野ばかりではない。当たり前だが、そこから必死に知恵を振り絞って、一生懸命に対応する。

③神が降臨！

そのようなときはなぜか神が降臨し、いつもとは違う自分が新しい観点を見い出してくれる。私は公的機関での支援業務が多いが、その支援先でも自分の経験をもとにした提案やマスターコースや研究会等で学んでいる事例が即座に浮かぶことが多い。お客さまとの対話を通じた提案はお客さまの納得度も高く、好評を得ていると思っている。とにかく、お客さまが満足していただけた顔を見られることは、大きなやりがいである。

④神の再来を促す方法

やはり、まずは行動が大事である。ご紹介いだいた方には、しっかりと感謝の気持ちを口に出して表し、期待以上の成果を出すための努力を惜しまない。もちろん、支援先のホームページはくまなく確認する。業界について客観的に分析（機会や脅威）し、自分の今までのキャリアとの接点をできるだけ探す。

キャリアは仕事だけではなく、趣味も含めて幅広く自分自身のリソースを確認するようにしている。たとえば、以前携わっていた紙卸業界で学んだ紙や印刷の知識が役に立つこともあった。そのときは、支援先に納得していただいた手ごたえを感じることができた。

⑤新しい自分との出会い

独立して、とにかく猪突猛進した。くどいが、頼るのは自分だけである。自分で動かないと仕事をいただくことはできないが、その前に自分を知ってもらえな

いと、仕事の話もいただくことはできない。

　積極的に動けた自分と出会ったのは新鮮であった。何よりも「大嶋さんは活発に動いていますよね」という養成課程の同期の言葉は後押しになった。

（4）出会いに感謝

①名刺にもひと工夫

　まずは、支部活動や研究会に、積極的に参加した（東京協会中央支部、千葉県協会ともに）。名刺は、大きな顔写真に屋号を付けたバージョンとプライベートバージョンの2枚渡し。このインパクトは大事である。ほぼ一度で覚えていただける。

②うれしい言葉や助言がいただけた

　すると、大先輩の先生方からこのようなことを言っていただけた。

「大嶋先生は、私のドアをこじ開けて入ってこられましたね」

「大嶋先生はどこに（研究会や支部活動）行ってもいるね」

　この言葉をかけていただいたときはうれしく、自信につながった。まだまだ駆

名刺は2枚渡し

図表 6-1-1　私の活動状況（2024 年 4 月現在）

《東京協会》	《区会》
・渉外部	・NPO みなと経営支援
・東京プロコン塾（17 期生）	・NPO ちゅうおう経営支援
《東京協会　中央支部》	・文京区中小企業経営協会
・執行委員会	・おおた診断士会
・渉外部	
・フレッシュ診断士研究会（33 期事務局）	
・ふらっと研究会	
・人を大切にする経営研究会	
・経営革新計画・実践支援研究会	
・売れる！　人気プロ研修講師・コンサルタント養成講座（11 期生）	
・経営革新計画・実践支援研究会社会貢献活動実行委員会	
・社外取締役講座実行検討委員会・事務局	
《千葉県協会》	
・研修部（7 期）	
・創業支援研究会	
・SAKE 研究会	

け出しだと思っていた私を認めて、評価していただけたのである。

　また、別の先生からは、「大嶋先生、仕事を取るために、○○には登録をしておくといいよ」との助言をいただくことができた。それは、東京協会中央支部だけではなく、千葉県協会も同じであった。見ている方はしっかりと見てくださっている。そのことが、とても励みになった。協会への参加状況や、仕事への対応状況を見てくれているのだ。

　また、勉強会や研修会にも積極的に参加し、その際はスピーカー（発表者）になるように手を挙げる。実力は当然のことながら、何よりも目立つことが大切である。

③診断士の友だち、100 人できるかな

　数ある研究会の中でも、フレッシュ診断士研究会（以下、フレ研）はとても有益であった。多種多様なバックグラウンドを持つ多くの診断士とつながることができるからである。その中で気の合う仲間ができて、月に 2〜3 回のペースで懇

親を深めている。顔を見ると、落ち着く仲間である。

　フレ研を含めたたくさんのご縁により、2年間で600名を超す方々と名刺交換することができた。中小企業診断協会や東京協会の大ベテランの先生方をはじめとする多彩な講師陣と出会えるのは、フレ研だからこそ味わえる醍醐味である。そして、千葉県協会の方々とも非常に友好で親密な関係を築けたことは、さらなる自信へとつながった。

(5) 診断士になってよかった

①サードプレイスが見つかった

　私が感じたことは、どこもどこの協会（支部活動、研究会）も、アットホームなことである。いわゆる、「村」だと感じた。お互いが尊重し合い、協働する。大切なことは、いかに積極的に参加するかである。私は自分の興味があること、また逆に自分が苦手な分野の活動を行うようにしている。

②運と縁は自分で紡ぐもの

　物おじせずに飛び込めば、しっかりと受け入れてくれる世界であると強く思った。独立すると孤独になりがちだが、仲間がいるから強くなれた。マズローの欲求段階説の「所属の欲求」を満たしてくれたから、次のステージに上がることができた。

③知り合いの知り合いが直接の知り合いだった

　診断士の仕事の幅は広いが、診断士の世界は狭い。人との出会いは、本当に大切である。なぜならば、かなりの頻度で知り合いの知り合いが知り合いだったりする。つまり、予想外のところでつながっているのだ。なので、悪いことはできない（するつもりはないが）。まっとうに愚直に仕事を行わなければならない。

④診断士はライバルではない、好敵手である

　ライバルと同じような意味だが、私は日本語の「好敵手」という表現が好きである。少なくとも私には、他の診断士は敵ではなく仲間である。おかげさまで多くの良縁に恵まれ、とても楽しい診断士生活を送っている。本当に感謝しかな

い。特にフレ研33期の同期とは、非常に強い関係を築けた。この本を読んで診断士を目指されている方々とも、将来、つながることができれば幸いである。

⑤「あいうえお」の法則

私がいつも大切にしていることは、「あいうえお」の法則である。

「あ」ん（案）を出す：考え抜くことに最大限の努力をする

「い」ん（韻）を踏む：知恵を絞り出す、ウイットに富む

「う」ん（運）を手繰り寄せる：運も実力のうち、チャンスをつかむ

「え」ん（縁）を大切にする：人に礼をもって接し、敬意を払う

「お」ん（恩）を返す：お世話になった方のお役に立つ

（6）最後に

今回の執筆は監修をしている小林勇治から、直々にご推挙いただいた。それこそが、私の1年の証である。そのような意味でも、今回の執筆は自分史に大きな足跡を残した。

6-2
「やり方」と「あり方」を学び、事業者の力になりたい

（1）私が診断士活動で意識していること

　私が中小企業診断士（以下、診断士）の活動をしていて感じることは、事業者の方々からの診断士への信頼である。事業者は、はじめて出会う診断士にも、会社の事業内容や決算内容を開示して相談する。同時に、診断士にとっては、限られた回数や時間の中で事業者と向き合い、結果を求められる責任の重い場面も少なくない。私はその際に、以下のことを意識している。

①事業者の強みを引き出し、表現する

　最初に、私は事業者の強みを引き出し、整理して、言葉として表現し、そしてアピールすることを意識している。しかしながら、事業者の中には、自身の強みを把握していない、把握していても言葉として表現されていない、アピールされていない場合も少なくない。

　強みに際しては、具体的な例を引き出すことと、120％のアピールを促すことを心がけている。中小企業の場合、他者に自社の事業内容を説明するとともに、強みを説明することが重要である。大企業と違って、消費者や顧客、金融機関にとって既知ではない場合も多いからである。そのような中で、自社の事業内容を

図表 6-2-1　強みや特徴の例

・独自性や他社比の強みを持っている
・入賞・受賞歴がある
・商品・サービスを評価する顧客の声がある、など

写真やイラストなども活用して具体的に説明することで、事業の概要を相手に理解してもらうことにつなげている。

　日本人は多くの場合、自己アピールが得意ではない。そのため、支援時には事業者の考えている120%から、ときには150%くらいのアピールを引き出すことを心がけている。同時に、強みや特徴をできるだけアピールできるように、具体的な例や数値を出して説明してもらっている。

　自社の強みや特徴を踏まえてこそ、現在の事業の拡大や新たな事業の創出につ

図表6-2-2　事業領域の選定

・事業分野の適切な広さ・狭さ
・事業地域の広さ・狭さ
・対象顧客の絞り込み（男女、年齢、志向）

図表6-2-3　事業領域拡大のイメージ

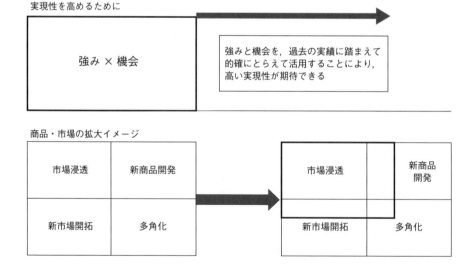

なげることが可能となる。また、その強みを的確に事業領域に活用し、他者に伝えることにより、事業の成功や経営革新計画の承認、各種補助金の承認採択、金融機関からの融資を得ることにつながる。

　私は、金融機関（銀行・証券）で30年以上、与信審査に携わってきた。与信審査とは、わかりやすくいえば、銀行等が事業者に融資を行うかどうかの判断で、その際の重要な要素は事業の実現性と考えている。事業者が自身の強さや特徴を適切に把握するとともに、事業領域を的確に選定し、自身の経営資源を投入することが実現性を高めると考えている。

②Community（社会）を意識する

　経営分析においては、3C（顧客、競合、自社）を踏まえた上で事業拡大や新事業を検討するが、その際に、社会（Community）への貢献や効果を意識している。

　あるとき、窓口相談で補助金申請の案件があった。事業内容は、健康に関する新サービスを、現在よりも安価、かつ利用者にとって便利で手軽に提供するというものである。自社に加えて提携する医療機関にとって、ビジネスが拡大するとのメリットが当初、申請書に記載されていた。

　相談を受けるうちに、何よりも利用者自身の健康管理が進むこと、社会的なニーズとして健康寿命を伸ばすことや医療費の削減につながるのではないかと指摘した。利用者にとっての経済面以外のメリットや社会的なメリットである。事業者の方には喜んでいただき、その視点を加えて申請書を提出した。後日、事業者の方から採択された喜びとともに感謝の連絡をいただいた。診断士冥利に尽きるときである。

　この際に感じたことは、特に補助金等の公的支援の原資は税金であるので、社会への貢献を常に念頭に置くことが重要だということである。これは、先輩診断士からの教えである。加えて、社会に貢献することが、社会や利用者のニーズに応えることであり、これを満たすことで成功の可能性や事業の継続性も高まると考えている。

（2）診断士の力を高めるために

　私は、診断士の力を高めるために、2つの重要な要素があると考えている。1つは、「やり方」である。さまざまな社会経験や能力を持った人々が診断士になっているが、それだけでは不十分である。その経験や力をさらに磨き上げるとともに、中小企業の事業者が必要とする知識を身につける必要がある。

　もう1つは、「あり方」である。診断士として接する事業者は経営者であり、事業を行うとともに組織を率いている。私は2つの研究会に所属し、事業の力を高める「やり方」と、組織と人事の力を高める「あり方」を学んでいる（図表6-2-4）。

①やり方を学ぶ

　「経営革新計画・実践支援研究会（KKJS研）」に参加している。主たる目的は、経営革新計画に接する機会を増やす中で、東京都の経営革新計画で受賞した優良企業の講話や先輩診断士の成功事例を学ぶことである。

　なかでも、経営革新計画の承認を受け、実施中の企業に対するフォローアップや表彰企業の審査の機会は、東京都から業務受託しているこの研究会でしか得ら

図表6-2-4　私が参加している研究会

研究会名	経営革新計画・実践支援研究会		人を大切にする経営研究会
略称	（KKJS研）		（HK研）
所属	東京都中小企業診断士協会		東京都中小企業診断士協会
代表	八木田鶴子		才上隆司
主な活動			
例会	・経営革新計画受賞企業の発表 ・診断士による支援事例発表		・「日本でいちばん大切にしたい会社」大賞での受賞企業の発表 ・診断士による支援事例発表
随時	・経営革新計画承認企業のフォローアップ ・経営革新計画表彰企業の審査		・企業訪問（2023年に伊那食品を訪問）

れないものである。

　なお、2024年度において、KKJS研では社会貢献プロジェクトとして、経営革新計画を策定する事業者に対して、セミナーや計画作成の支援を行う予定である。より多くの事業者の経営革新計画の策定と業績改善・拡大に資するように頑張って支援していきたいと考えている。

②あり方を学ぶ

　「人を大切にする経営研究会（HK研）」で学んでいる。この研究会は、「人を大切にする経営研究学会」で長く「日本でいちばん大切にしたい会社大賞」の審査員を務めた小林勇治氏（現・研究会顧問）が設立したものである。HK研が重視するのは、1. 従業員とその家族、2. 外注先と仕入先、3. 顧客、4. 地域社会、5. 株主、に対する使命と責任である。

　現在、企業の生産性低下、従業員の愛社精神低下が問題視される中でも、元気な会社は存在する。そんな事例から学ぶとともに、その動きを広めていきたいと考えている。

　こうした会社の元気の源となるのは、「心理的安全性×エンパワーメント」であり、個人的に成功企業が共通して有していると感じるのは以下の点である。

・人事評価が適切で、従業員にとっての納得性が高い。

・経営の透明性が高い、業績等が開示されている。

・担当部署や責任者に、適切な権限委譲がなされている。

・人を甘やかさず、各人の能力・経験・姿勢を的確に評価するとともに、評価に応じた給与・報酬や配置を与えている。

　2023年11月には、HK研で伊那食品工業株式会社を訪問する機会を得た。同社は、第8回（2018年）「日本でいちばん大切にしたい会社」大賞において、中小企業庁長官賞を受賞している。

　同社は、多くの書籍、雑誌、映像に取り上げられ、経営方針や社員の取り組みが高く評価されている。その実際を目にすることにより、経営方針がどのように浸透・実行されているかを確認するとともに、経営者や従業員の方から直接、声

研究会で伊那食品工業見学会の発表を行う筆者

を聴く機会を得られた。これらを学びとして、他の企業の支援の際に紹介したい取り組みを増やしていきたいと考えている。

③自身で考えること、そしてやり抜くこと

　成功している事業者や先輩診断士から学んだ重要な要素は、事業者が自身で考え抜いた上で実践に移すこと、定期的にフォローを行いやり抜くこと、経営・事業環境の変化に対応していくことである。その際に必要な姿勢は、事業者の良き伴走者となることであり、計画策定や実行の支援者として事業者に寄り添うことである。

　「言うは易く、行うは難し」であるが、学び、そして実践を続けるうちに、自身をより高めるとともに、事業者の力になりたいと考えている。

第7章

アンケート調査からみる
フレッシュ診断士の実像

7-1
フレッシュ診断士の資格取得の
動機と資格活用法

（1）フレッシュ診断士へのアンケート調査

　東京都中小企業診断士協会（以下、東京協会）中央支部の「フレッシュ診断士研究会」（以下、フレ研）に所属する中小企業診断士（以下、診断士）を対象にオンラインアンケートを実施し、18名から回答を得ることができた。その結果を分析し、資格取得の動機や資格活用などについて明らかにしていく。

（2）フレッシュ診断士の年齢層と診断士活動歴

　はじめに、アンケートに回答したフレッシュ診断士が、どのような人たちなのかを確認する。

　年齢は、45歳〜54歳が38.9%と最も多く、25歳〜44歳や55歳〜64歳を含めると、全員が働き盛りの年齢で占められている（図表7-1-1）。

図表7-1-1　アンケートに回答したフレッシュ診断士の年齢層と診断士活動歴

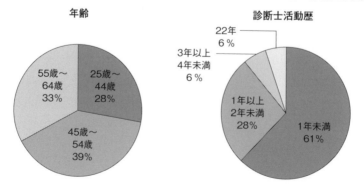

　今回のアンケートに回答したフレッシュ診断士は現役層で占められたが、例年ベテランの方も数多く参加するなど、フレ研は非常に門戸を広く開放している。

　活動歴は約9割が2年未満で、経験の少ない診断士が中心になっている。3割ほどの診断士が活動歴1年を経過している理由として、診断士活動1年目にフレ研の評判を聞いて、2年目に参加しているためである。診断士登録前から、卒業した先輩を通じてフレ研の活動や評判を聞き、すぐに加入した仲間も6割ほどいる。一方で、診断士歴22年の仲間もいる。フレ研は、「フレッシュ」の意味を柔軟に定義して、門戸を広く開けているためである。長く企業内診断士として活動してきたが、定年退職後はフレッシュな診断士としての生活を始めたい（リフレッシュをしたい）といった理由から参加される方も定期的に受け入れている。

　フレ研では、35年近い歴史と1,500名を超える累積参加者がおり、卒業生の中からは、中小企業診断士協会の会長を含め、多くの幹部を輩出してきた歴史がある。

　卒業生の多くは、ナビゲーターである小林先生をはじめ、登壇する多くの先生から得たものを、次世代の診断士にも体験してほしいと思い、積極的に入会をすすめている。そのため、毎年100名を超える診断士がフレ研に応募している状況となっている。春の入会に間に合わず、秋の追加募集で入会する人や、翌年の春にあらためて入会する人も多い。

　次に、フレッシュ診断士の職業についてみてみる。診断士として活動した年数が短いにもかかわらず、独立診断士が約4割を占めている。そして、金融機関、その他の民間企業（メーカー・製造業を除く）、メーカー・製造業と続いている（**図表7-1-2**）。金融機関をはじめさまざまな組織に勤めていることから、診断士の資格は普遍的な価値を有し、活動範囲が非常に広いことが推察される。

　保有する資格としては、ファイナンシャルプランナーが最も多く4名、ITストラテジストが3名、ITコーディネーター、衛生管理者、宅地建物取引士が2名と続いている（**図表7-1-3**）。情報系の資格が多い理由として、かつては経営戦略に従う形で情報の利活用がされたが、現在は企業戦略と一体的に情報の利活用が求められるようになったためであると考える。

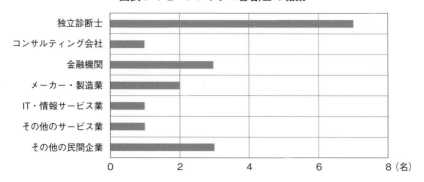

図表 7-1-2　フレッシュ診断士の職業

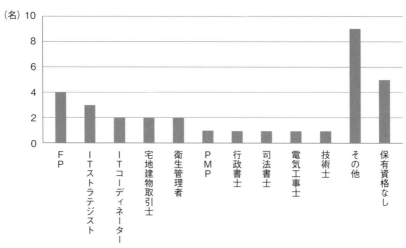

図表 7-1-3　フレッシュ診断士が保有する資格

　また、その他に分類された中には、健康経営マスター、精神保健福祉士といった健康に関する資格を保有する者もいる。近年は、従業員の健康や労働力の持続可能性が経営戦略としてより重視されるようになったことが背景にあると考えられる。

（3）フレッシュ診断士の資格取得の動機と勉強法

①フレッシュ診断士の資格取得の動機

次に、フレッシュ診断士の資格取得の動機をみていく（図表 7-1-4）。

回答が一番多かったのは、「スキルアップを図りたい」である。診断士になることで、経営に関する知識を広く得ることができるため、企業内・独立問わず、資格取得によってスキルアップを図ることが可能となる。

資格試験の内容のみならず、診断士資格を取得することで、フレ研や診断士協会の各種研究会をはじめ、自己研鑽や交流の機会への参加による継続的な学習機会を得やすくなる。

「経営コンサルタントとして独立したい」、「定年後に資格を活用したい」、「副業を行いたい」といった企業外活動における動機も一定数ある。人生100年時代といわれる中、学び直しの重要性が叫ばれるなど、企業外での活動が今後、より重要になってくることが推察される。1つの企業に勤め続け、定年後に年金で生活するといったかつてのモデルが通用しにくくなっており、自分で稼げる力を身につける必要があることも考えられる。

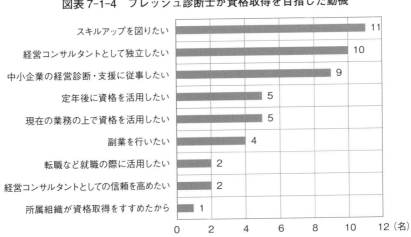

図表 7-1-4　フレッシュ診断士が資格取得を目指した動機

このように、診断士資格はさまざまな理由から取得されるが、人生の選択肢を増やすための有効な資格ととらえる向きが多い。

②フレッシュ診断士の勉強法

続いて、本書第2章、第3章でも述べられているが、フレッシュ診断士がどのように資格試験に向き合い、資格を取得したかについて、データから考えてみたい。まずは、1次試験と2次試験の学習をどのように行ったかをみてみる（**図表7-1-5**）。

1次試験については、過半数が独学で合格していた。近年は、良質なテキストや、SNS等で募集される勉強会、受験生支援団体、YouTube動画といったさまざまな資源があるため、1次試験は独学で突破する人も多い。

1次試験後は、受験予備校を利用する比率がやや増えるものの、3人に1人ほど、独学で2次試験を突破した診断士がいた。かつては、独学では突破は困難であるといわれていた2次試験だが、1次試験と同様、独学であっても利用できる良質資源が増えたことが理由と考えられる。

養成課程（登録養成課程についても、養成課程で統一する）の利用については、昨年の調査と比較して約半分の16.7%に減少していた。養成課程はお金や時

図表7-1-5　フレッシュ診断士の勉強法

1 次試験の勉強法

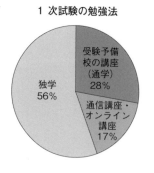

1 次試験後の勉強法

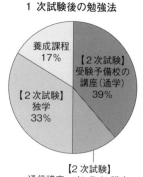

間がかかるデメリットがある。費用だけでいうなら、修了まで 200 万円以上必要なところも多い。養成課程によって日程やカリキュラムには違いがあり、仕事を退職、または休職しなければならない場合もある。一方で、養成課程に入ることで、企業の訪問実習を 5 回行うことができる、体系的な学びができる、養成課程によっては MBA や MOT も同時取得できる、一緒に困難を乗り越えた仲間ができるといったメリットも多くある。

　次に、1 次試験と 2 次試験の受験回数をみてみる（図表 7-1-6）。

　1 次試験については、半数が 1 回だけであった。ただし、この数字はあくまでも受験した回数である。2 次試験のために再受験をした人もいるため、全科目合

図表 7-1-6　フレッシュ診断士の受験回数

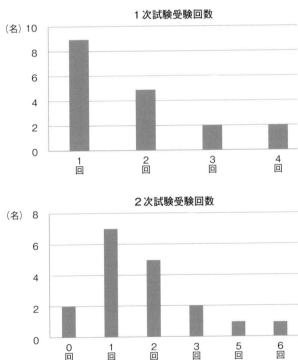

格までの回数ではないことには留意したい。

　2次試験については、4割近くが1回、1割が0回となっている。0回というのは、2次試験を受験せずに養成課程を選んだためである。一方で、6回も受験して合格をつかみ取った仲間もいる。

　仕事の忙しさ、家庭の要因、たとえば、介護や子育てなどさまざまな要因があるため、誰もが同じ時間を受験勉強に割くことはできない。そんな中、何度もあきらめずに受験を続けられることは、それ自体がその人の強みでもある。戦略的、効率的に勉強して一発合格する人もすごいが、困難な状況を抱えながら、挑戦し続ける人もまたすごいのである。

　どのような経路であっても、志を持って診断士となった尊敬できる大切な仲間であることに変わりはない。

（4）資格活用のいろいろ

①診断士資格を活用した独立願望

　フレッシュ診断士は、取得した資格をどのように活用しようとしているのか。企業内で活動するフレッシュ診断士に対して、独立願望を尋ねてみた（図表7-1-7）。

　約7割のフレッシュ診断士が、将来的に独立を考えているという結果となっ

図表7-1-7　企業内診断士の独立願望

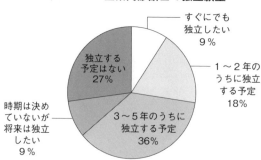

た。ただし、独立することが必ずしもいいわけではない。企業内診断士であれ
ば、その企業のリソースを活用することで全国規模の事業を行える強みがある。
また、家庭の状況の違いによる独立のハードルの高さに違いがある。

　あくまでも私のまわりでは、資格取得後、早期に独立を選ぶ人は、定年後で子
どもが巣立って住宅ローン返済も終わっているベテラン、または逆に住宅ローン
を抱えていない若い単身者が多い。後者の場合は、仕事の少ない独立直後であっ
ても、アルバイトによって最低限、自分一人が生きていく選択肢も取りやすいだ
ろう。

　ただ、勢いで独立して苦労した話もよく聞く。仕事を得るための実績がなく、
悪循環に陥るといったケースである。できることなら、フレ研や各種研究会で人
とのつながりをつくり、副業などから少しずつ実績を積み重ね、慎重に準備しな
がら独立した方がいいかもしれない。

②企業内で活動するフレッシュ診断士の資格活用状況

　次に、企業内で活動するフレッシュ診断士が、具体的にどのように資格を活用
しているのかをみてみる（図表7-1-8）。

　8割以上が、副業として診断士活動を行っている。副業を行っているフレッ
シュ診断士のうちの半数以上が、所属組織に秘密で活動している。近年は副業解
禁の動きがあるものの、まだまだ副業を認めていない企業も多い。表向きは解禁

図表7-1-8　企業内診断士の資格活用状況

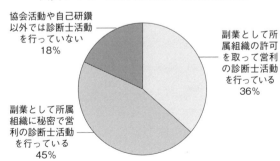

協会活動や自己研鑽
以外では診断士活動
を行っていない
18%

副業として所
属組織の許可
を取って営利
の診断士活動
を行っている
36%

副業として所属
組織に秘密で営
利の診断士活動
を行っている
45%

していても、従業員の副業にネガティブな反応を示す場合もある。

③仕事をどのように得ているか

独立診断士と企業内診断士を合わせて、フレッシュ診断士が仕事をどのように得ているのかをみてみる（**図表 7-1-9**）。

一番多いのは、「人からの紹介」で、7 割ほどの診断士がこの方法で仕事を得ていた。人からの紹介といってもさまざまであり、診断士になる前からの人脈と、なってからできた人脈が考えられる。診断士の仕事は、信用や人間性が非常に重要となってくる。フレッシュ診断士も、独立の有無にかかわらず、多くがフットワーク軽くいろいろなところに顔を出し、自身を知ってもらう努力をしている。

次に多いのは、「研究会への参加」である。研究会は東京協会だけで 60 程度あり、東京協会の支部ごとに、さらに多くの研究会がある。研究会によって活動内容や活動方法はさまざまであるが、研究会を通じて知り合った人から仕事を紹介されることもある。

これに、「診断士協会からの紹介や公募」が続く。診断士協会の部会などの活動に参加することでスキルや人脈の形成につながり、仕事を得る機会も増えていく。

図表 7-1-9　仕事を取れたきっかけ

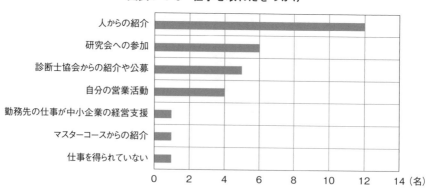

　診断士資格を取得することで、今まで会ったことのない人と会う機会も増えてくる。私自身も、さまざまな場所に顔を出すことで、多くの尊敬できる先生とお会いする機会ができた。

　どのような方法であっても、人と人とのつながりや積極的な活動への参加が、仕事を得るきっかけとなってくる。

④自己啓発

　診断士の資格は、取得して終わりではなく、取得した時がスタートである。実務経験を積むとともに、専門分野や事例等を学ぶ必要がある。そのために多くの診断士は自己研鑽を行っている。各種マスターコース、プロコン塾、研究会、セミナー等への参加といった方法がある。前述したような研究会は、東京協会だけでなく、各地区の診断士協会にもある。

　では、フレッシュ診断士は、自己研鑽にどれぐらいの資金を投入しているのだろうか（図表 7-1-10）。

　最高金額は、何と EMBA 通学による 400 万円で 1 名、次いで 300 万円が 1 名いた。ボリュームゾーンは「50 万円以上 100 万円未満」であり、6 割を占める。全体の 7 割ほどが 50 万円以上となっており、自己研鑽の意欲が非常に高いことがうかがえる。投資先はマスターコースや研究会が多い。他にも、全国各地の優良企業への視察のための旅費交通費も挙げられる。

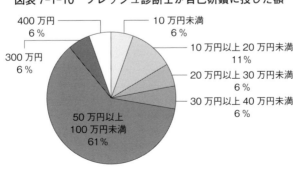

図表 7-1-10　フレッシュ診断士が自己研鑽に投じた額

（5）どのような診断士になりたいか

　最後に、フレッシュ診断士は、どのような診断士を目指しているのだろうか。

　今年の傾向として、「伴走支援」をキーワードにしたものが多かった。近年は、企業の抱える課題が複雑化しており、課題に対して決まった方法を適用して解決できるような事例は少なくなってきている。そのため、相手と対話して課題を探し、ともに対策を考え実行する伴走支援の必要性が叫ばれている。以下に、フレッシュ診断士たちが目指す診断士像を、アンケートに寄せられた言葉から紹介させていただく。

　「経営者さまとともに悩み考え、課題を解決し続けられる診断士」

　「伴走支援のできる診断士」

　「お客さまから信頼される診断士」

　「伴走支援をして企業の業績を上げられるような診断士」

　「経営デザインで企業と人をニコニコ元気にする明るい未来をともに創る」

　このように、お客さまを指導するのではなく、お客さまに寄り添い、ともに走り続ける診断士になりたいという意見が多かった。

7-2
ミーコッシュ手法による 年収予測

（1）中小企業診断士としての要素整備度を知る

　ここからは、2023 年度フレッシュ診断士研究会のメンバー 120 名のうち、50 名にアンケートを行い、ミーコッシュ手法を用いて分析・集計した結果をご紹介する（**図表 7-2-1** には 18 名分しか表示されていないが、実際は 50 名の集計をしている）。ミーコッシュ手法の説明をしつつ、フレッシュ診断士たちの年収予測をしてみたい。

　ミーコッシュ手法では、以下のような項目別にインタビューを行い、評価点をつけていく。評価点の基準は、**図表 7-2-2** のようになる。

①マインドウェア（あり方・考え方）

・サラリーマン時代の過去の清算：指示待ち人間から能動的な人間への変化がなされているか

・成功への情熱：コンサルタントとしての責任感と、困難を乗り越え業務遂行しようとする情熱を持っているか

・成功への生き様（理念）：このビジネスを通じて、どうやって社会に貢献するのかという志を持っているか

・指南役としての行動基準：診断士として守るべき行動基準を心得ているか

・戦略ビジョン：自分が成功点に到達する戦略をイメージしているか

②ヒューマンウェア（やり方・スキル）

・技術：開発、生産、物流、販売、情報、財務技術に関する知見を持っているか

・手法：DD（デューデリジェンス：調査）、ソリューション（問題解決案の提示）、運用（問題解決案の運用）、出口（問題点・課題点の解決）についての手

図表 7-2-1　フレッシュ診断士の要素整備度

ミーコッシュ年収3,000万円可能性整備度分析(Ver.6)　アンケート結果　(2023.12.3)

バリュー(大項目)	バリュー(中項目)	平均	1	2	3	4	5	6	7	8	9	10	11	12	13	14	15	16	17	18
1.あり方・考え方(マインドウェア)	サラリーマン時代の過去の清算	13.3	16	16	16	16	16	8	12	16	12	20	8	16	16	16	16	12	12	8
	成功への情熱	12.8	12	16	12	16	20	8	16	12	8	12	12	16	12	16	12	12	12	8
	栄光への生き様(理念)	13.9	12	12	20	16	20	12	16	12	8	16	12	16	16	12	16	8	12	8
	指南役としての行動基準	14.0	12	16	20	16	20	16	12	12	8	20	12	16	16	20	8	16	8	4
	戦略ビジョン	11.1	8	12	12	16	12	4	12	8	12	8	12	12	12	12	12	4	12	8
2.やり方・スキル(ヒューマンウェア)	技術(開発・生産・物流・販売・情報・財務管理)	11.0	4	12	12	12	12	8	16	8	12	8	8	12	8	16	16	12	8	8
	手法(DD、ソリューション、運用、出口)	9.8	4	8	12	12	12	4	12	8	8	8	8	8	8	16	12	12	8	12
	指南役スキル	10.5	8	8	12	16	12	8	8	8	8	12	12	8	8	16	8	8	8	4
	研修講演手法	10.2	8	4	8	8	12	4	8	8	12	16	12	12	8	12	4	8	8	12
	調査執筆手法	11.4	8	8	12	8	12	8	8	8	12	20	16	16	16	16	8	16	12	8
3.ルール(約束・掟)(コミュニケーションウェア)	指南役としての掟	13.0	16	16	12	16	20	8	16	8	12	12	20	12	12	16	4	16	8	12
	指南役の立場からの掟	14.2	16	12	12	16	12	12	16	8	16	12	16	12	16	16	12	16	20	4
	ビジネスメール10の掟	15.1	20	16	12	16	16	8	16	8	16	12	16	20	16	12	20	12	20	4
	ファシリテーションルール	10.5	12	12	12	8	16	8	12	8	12	8	12	8	8	8	16	8	8	8
	コーチングルール	12.4	16	16	8	12	12	8	16	8	12	20	16	12	16	12	12	8	8	8
4.知的財産(ソフトウェア)	調査プログラム	13.3	12	8	16	16	12	12	12	8	12	12	8	20	12	16	16	16	16	8
	執筆プログラム	11.3	8	4	12	16	16	12	16	8	12	12	8	12	12	8	16	8	8	8
	研修プログラム	10.2	12	8	8	16	12	8	8	8	8	12	16	8	12	8	12	8	8	8
	公演プログラム	9.4	12	4	16	12	12	8	12	8	8	12	8	12	8	8	8	8	8	12
	実務支援プログラム	9.3	4	8	8	12	12	12	16	8	4	12	16	4	8	8	12	4	4	8
5.体力・環境(ハードウェア)	体力(健康)	13.2	16	16	8	12	12	8	16	12	8	16	8	12	12	16	16	16	16	16
	事務所の立地環境	10.8	12	16	8	16	20	8	8	8	20	4	8	12	12	8	4	16	12
	コンサルタント7つ道具	12.2	8	8	12	16	12	8	12	12	20	12	20	8	12	8	4	16	16	16
	住まいの立地環境	11.8	12	16	8	16	20	4	12	8	12	12	8	8	12	8	8	8	12	16
	協力者の環境	10.6	12	16	8	16	20	4	8	8	12	4	12	8	8	16	4	16	12
	1.マインドウェア　小計	65.1	60	72	80	80	92	48	68	60	44	76	40	72	76	68	76	44	64	36
	2.ヒューマンウェア　小計	52.8	36	36	60	68	60	28	68	44	44	64	60	56	56	44	76	60	48	40
	3.コミュニケーションウェア　小計	65.3	80	72	56	68	76	40	76	40	44	72	68	76	68	56	76	56	72	36
	4.ソフトウェア　小計	53.5	52	32	56	72	64	52	64	52	44	72	56	52	60	48	68	44	40	48
	5.ハードウェア　小計	58.7	64	68	44	72	88	36	64	48	46	52	56	56	80	28	72	72
	合計(500点満点)	295.4	292	280	296	360	380	36	340	244	224	352	264	312	308	280	364	220	296	232
	年収ランク※		D	D	D	D	C	C	D	C	D	D	D	C	D	C	C	C	D	D

※年収ランク　A=3,000万円以上　B=2,000~3,000万円　C=1,000~2,000万円　D=500~1,000万円　E=~500万円

図表7-2-2　ミーコッシュ評価表と評価点による年収予測

レベル（ランク）	項目評価の基準	点数	合計点	年収の目安
1（E）	評価項目に気づいていないし、努力もされていない	4	〜199	〜500万円
2（D）	評価項目に気づいているが、努力していない	8	200〜299	500〜1,000
3（C）	評価項目の改善の計画はされているが、一部しか努力していない	12	300〜399	1,000〜2,000
4（B）	評価項目の改善の計画はされているが、実行途中である	16	400〜449	2,000〜3,000
5（A）	評価項目の改善の計画がされ、実現されている	20	450〜500	3,000万円〜

法を身につけているか

・指南役スキル：経営者に対する説得力等を持っているか

・研修・講演手法：研修・講演の進め方を習得しているか

・調査・執筆手法：市場調査・分析や執筆の進め方をマスターしているか

③コミュニケーションウェア（約束事や掟）

・指南役としての掟：秘密を守る、社員の前で叱責しない、事前相談・事後報告を怠らない等、相手を指南する上でのルールを守っているか

・指南役の立場からの掟：相談相手に対する礼儀作法や社会人としてのルール、約束事等をわきまえているか

・ビジネスメール10の掟：メールには必ず返信する、CC・BCCの使い分け、メール件名は的確にする（件名は「お知らせ」や「ご案内」ではダメである）など、ビジネスメールの送受信に関するルールを身につけているか

・ファシリテーションルール：ファシリテーションの手法を体得しているか

・コーチングルール：コーチングのスキルを実務で応用できるか

④ソフトウェア（知的財産権）

・調査プログラム：民間企業の出店市場調査、マクロによるマーケット調査、特殊な業界における調査等が行えるか

・執筆プログラム：執筆の企画・立案、執筆要領の作成、出版社とのコンタクト、メンバー集め（共同執筆の場合）、校正等のノウハウを持っているか

・研修プログラム：研修企画の立案、研修前の整備度調査、研修の実施、研修後の能力向上評価、次回の研修提案等について、ノウハウを持っているか

・講演プログラム：講演企画、講演アプローチ、講演実施、アフターフォロー等が行えるか

・実施支援プログラム：コンサルティングの実務支援ノウハウを習得しているか

⑤ハードウェア（体力・環境）

・体力（健康）：不規則な生活や運動不足、睡眠不足などで健康を害していないか（「健全なる精神は健全なる身体に宿る」と言われるように、コンサルタントは、常に健康でなければならない）

・事務所の立地環境：それぞれの立場によって異なってくるが、事務所にはある程度立地の良いところが求められる（筆者の経験では、立地の良い場所に事務所を構えた後の報酬は格段に増えた）

・コンサルタントの７つの道具：パソコン・スマホ・スケジュール表・レーザーポインター・筆記用具・印鑑・テンプレート等を持ち、使いこなせるか

・住まいの立地環境：自宅の立地環境は良好か（当初は自宅で開業すべきだと思うが、事務所を持った場合、なるべく自宅との距離は近くした方が良い）

・協力者間の環境：協力者の事務所が近くにあるか、協力者との関係は良好か、協力者のステータスはどうか

（2）要素別のデータ収集と集計

　フレッシュ診断士たちの５つの大項目の評価を集計すると、**図表 7-2-3**、7-2-4 のようになる。

図表 7-2-3　要素整備度別評価

大項目	平均	最高点	最低点
1. マインドウェア	65.1	88	48
2. ヒューマンウェア	52.8	68	44
3. コミュニケーションウェア	65.3	88	36
4. ソフトウェア	53.5	72	24
5. ハードウェア	58.7	100	32
合計	295.4	416	184
年収ランク	D	B	E

図表 7-2-4　要素整備度別チャート（大項目別集計）

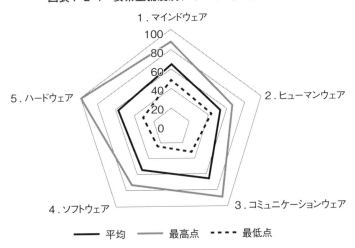

（3）要素整備度からみる年収の予測

　図表 7-2-2 をもとにフレッシュ診断士たちの年収を予測・集計すると、図表 7-2-5 のようになる。

図表 7-2-5　年収ランク別集計人数と比率

年収ランク	人数	比率 (%)
A　3,000 万円〜	0	0
B　2,000〜3,000 万円	1	2.0
C　1,000〜2,000 万円	19	38.0
D　500〜1,000 万円	29	58.0
E　〜500 万円	1	2.0
合　計	50	100

（4）年収のランク別からの分析

年収予測の内訳は、A ランク（3,000 万円以上）が 0 %、B ランク（2,000 万円以上 3,000 万円未満）が 2.0%、C ランク（1,000 万円以上 2,000 万円未満）が 38.0%、D ランク（500 万円以上 1,000 万円未満）が 58.0% と一番多く、C ランクと D ランクに集中しており、E ランク（500 万円未満）は 2.0% となった。

（5）今後の課題

フレッシュ診断士は、まだ、診断士試験に合格して間もない段階なので、これから実務経験を積むことによって、要素整備度を高めることができる。今後、あらゆる研究会での研修や実務従事の機会をとらえて実務能力を高めていけば、年収 3,000 万円への道が開けてこよう。

執筆者略歴

《編著者》

小林勇治（こばやしゆうじ）（はじめに、第7章—2担当）

明治大学専門職大学院グローバルビジネス研究科修了（MBA）、中小企業診断士、ITコーディネータ。日本NCR(株)に17年勤務後、IT経営革新コンサルとして独立。2004年から2017年まで早稲田大学大学院ビジネス情報アカデミーCIOコース講師、(株)ミーコッシュ経営研究所所長、元（一社）中小企業診断協会副会長、（一社）日本事業再生士協会理事、2010年から2017年まで東京都経営革新優秀賞審査委員長、日本で一番大切にしたい会社大賞審査員、著書・編著書『中小企業の正しいIT構築の進め方』（同友館）ほか166冊。

《著者》

石田充弘（いしだみつひろ）（序章担当）

「経営デザインでニコニコ明るい未来を共に創る」を目指す、自称「ニコニコみっちゃん経営デザイナー」。兵庫県芦屋市出身。京都大学経済学部卒業。三井住友信託銀行にて、財務経理、経営企画部門に20年以上在籍し、経営管理の高度化に従事。中小企業診断士（東京協会中央支部）、公認内部監査人。

日置大樹（ひきだいき）（第1章—1担当）

神奈川県鎌倉市出身。青山学院大学経営学部経営学科卒業。2022年、コムテック(株)に入社。業務プロセスのコンサルティング、営業企画、経営企画業務に従事。2023年9月に中小企業診断士登録し、中小企業診断士としても活動中。

柴田智子（しばたともこ）（第1章—2担当）

東京都小平市出身。お茶の水女子大学文教育学部心理学科、東京理科大学工学部第二部建築学科卒業。1989年、(株)博報堂に入社し、文化事業プロデュースに従事。2023年5月、中小企業診断士登録。1級建築士。

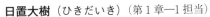

木村雅彦（きむらまさひこ）（第1章—3担当）

慶應義塾大学大学院理工学研究科修了。(株)電通国際情報サービスを経て、現在、あおぞら銀行に勤務し、国際金融規制・市場信用リスクマネジメント・法人融資業務、システム導入・開発に従事。中小企業診断士、日本証券アナリスト協会検定会員。Projejct Management Professional。

伊東裕司（いとうゆうじ）（第1章—4担当）

埼玉県川越市出身。一橋大学経済学部卒業。東京海上火災保険(株)（現・東京海上日動火災保険(株)）に入社。営業部門にて、上場企業、中小企業、官公庁、金融機関等の営業担当や保険代理店の経営支援に従事し、2022年3月に退職。2023年5月、中小企業診断士登録。現在は独立開業して活動中。

山田匡人（やまだまさひと）（第1章—5担当）

早稲田大学教育学部卒業。新卒でITベンチャーを経て、現在、ゾンデルホフ＆アインゼル法律特許事務所に在籍。会社設立、資金調達、M&A、事業承継など、中小企業や外資系企業の経営法務に携わる一方、遺言書作成や家族信託などの生前対策から相続手続きまで経営者の終活支援にも力を入れている。中小企業診断士、司法書士。

中本亮輔（なかもとりょうすけ）（第2章—1担当）

東京理科大学理工学部卒業。(株)オービックを経て、現在はグローウィン・パートナーズ(株)にてコンサルティング業務に従事。2022年10月、中小企業診断士登録。東京都中小企業診断士協会中央支部に所属し、中小企業診断士としても活動中。

吉江裕子（よしえゆうこ）（第2章—2担当）

横浜市立大学商学部経営学科卒業。日本ビクター(株)（現・JVCケンウッド(株)）を経て、現在、エレコムグループ・DXアンテナ(株)に勤務。事業企画、商品企画、販促企画と、企画・マーケティング業務の川上から川下まで30年以上携わる。中小企業診断士、ファイナンシャルプランニング技能士2級。

新保智之（しんぼともゆき）（第2章—3担当）

立教大学経営学部卒業。ライオン(株)に勤務し、大手販売店営業担当の後、営業戦略、マーケティング戦略の立案と推進に従事。2021年9月、中小企業診断士登録。東京都中小企業診断士協会中央支部に所属し、中小企業診断士としても活動中。早稲田大学大学院経営管理研究科在学中（MBA）。

田口正樹（たぐちまさき）（第2章—4担当）

埼玉大学教育学部卒業。日本大学修士（工学）、青山学院大学修士（会計）。京成電鉄(株)グループ戦略部課長、同社経理部連結・受託課長等を経て、現在、(株)湯田牛乳公社取締役CFO。中小企業診断士、公認不正検査士、証券アナリスト、1級FP、1級建設業経理士。

飯野裕司（いいのひろし）（第3章—1担当）

早稲田大学政治経済学部政治学科卒業。新卒にて東京海上日動火災保険(株)に入社し、現在も勤務中。日本各地の営業現場での代理店支援に10年以上携わりつつ、本社部門で営業企画なども経験。中小企業診断士、販売士検定1級、FP技能士2級、日本健康マスター検定。

廣瀬航也（ひろせこうや）（第3章—2担当）

大阪大学大学院情報数理系修了。ソニー(株)にて、ソフトウェア開発や新規事業開発に従事。その後独立し、中小企業向けに経営相談、IT導入支援を行っている。中小企業診断士、ITストラテジスト、ITコーディネータ。

鈴木　穣（すずきじょう）（第3章—3担当）

国際基督教大学教養学部卒業。三菱UFJ銀行、三菱UFJモルガンスタンレー証券にて、国内外のM&Aアドバイザリー業務に従事後、現在は、アジア圏の経営企画を担当。東京都中小企業診断士協会中央支部所属。中小企業診断士、日本証券アナリスト協会検定会員、AFP。

工藤徹也（くどうてつや）（第3章—4担当）
滋賀県出身。同志社大学商学部を卒業し、（株）日立製作所に入社。金融機関に対するIT営業に従事し、システムの提案を通して、担当顧客の業務効率化や生産性向上、売上向上を支援。2023年11月、中小企業診断士登録。

清水正久（しみずまさひさ）（第3章—5担当）
東京理科大学工学部第一部電気工学科卒業。名古屋商科大学大学院マネジメント研究科（Executive MBA）修了。アルプスアルパイン（株）、パナソニック（株）および外資系メーカー数社を経て、現在、（株）IHIにて、自動運転システムやターボチャージャー等のソフトウェア開発に従事。中小企業診断士、MBA、ITストラテジスト、PMP。

上杉嘉邦（うえすぎよしくに）（第4章—1担当）
京都府長岡京市出身。鳥取大学工学部物質工学科卒業。外資系製薬企業で医薬情報担当者として活動後、医薬品開発業務受託機関に転職し、医薬品臨床開発モニターとして治験業務に携わる。2023年1月、よしくに中小企業診断士事務所を開業し、中小企業の経営相談、計画書策定、補助金申請支援等を行っている。

山岸祐介（やまぎしゆうすけ）（第4章—2担当）
慶應義塾大学経済学部卒業後、大日本印刷（株）に入社。大手電機メーカーのコーポレートコミュニケーション施策を担当。東洋大学大学院経営学研究科修了後、2023年5月に中小企業診断士登録。スタートアップやベンチャー企業の「ミッション」、「ビジョン」、「バリュー」設定や戦略的広報をサポート。中小企業診断士、MBA（経営学修士）。

石田美奈子（いしだみなこ）（第5章—1担当）
新潟県立三条高等学校卒業。大学中退後に原宿でスカウトされ、モデル活動を開始（モデル歴15年）。新たな活動の場を開拓したく、令和4年度の中小企業診断士試験を受験してストレート合格し、中小企業診断士としての活動をスタート。

楠本洋一（くすもとよういち）（第5章—2担当）

北海道大学大学院農学研究科、慶應義塾大学大学院経営管理研究科修了。住友林業(株)に勤務。インドで工場立ち上げやPMIに従事。現地駐在中に中小企業診断士試験を受験。帰国後、2022年9月に中小企業診断士登録。企業内診断士として、新規事業やM&A、人材開発等に携わる。東京都中小企業診断士協会中央支部所属。

小杉和弘（こすぎかずひろ）（第5章—3担当）

法政大学工学部電気工学科卒業。富士通(株)を経て、日本アイ・ビー・エム(株)でグローバルエンジニアリング・マーケティング部長、パートナー事業戦略担当部長などを歴任し、ベンチャー企業の上場支援や気候変動対策に従事。2022年11月、中小企業診断士登録。

佐藤嘉久（さとうよしひさ）（第5章—4担当）

早稲田大学大学院理工学研究科卒業。(株)関電工入社後、ケーブルテレビの設備構築の現場を手始めに、営業部門、エンジニア部門、海外工事や業界団体への出向など、情報通信工事分野のさまざまな業務を経験。2022年6月、中小企業診断士登録。技術士（電気電子部門）、第1級陸上無線技術士、ネットワークスペシャリスト。

大嶋亨一（おおしまきょういち）（第6章—1担当）

東洋大学大学院経営学研究科卒業。1998年、東海ソフト(株)に入社し、採用、研修業務、労働環境整備など、幅広い分野に従事。2022年、独立開業。中小企業診断士、社会保険労務士、2級キャリアコンサルティング技能士、MBA（経営学修士）など。東京都中小企業診断士協会中央支部2022年講師オーディション優勝。千葉県中小企業診断士協会2023年講師発掘オーディション3位。

伊藤英幸（いとうひでゆき）（第6章—2担当）

上智大学文学部英文学科卒業。東海銀行（現・三菱UFJ銀行）、米格付機関ムーディーズ、国内外の金融機関（銀行・証券）を経て、現在、SBI証券に勤務。取引先（金融機関・事業会社）の与信審査に30年以上携わる。中小企業診断士、日本証券アナリスト協会検定会員。米国MBA（Case Western Reserve Univ.）。

紅林慶太（くればやしけいた）（第7章—1担当）
専修大学経済学部を卒業後、原子力発電所で放射線管理業務を行う。
32歳で静岡福祉大学に入り、社会福祉士と精神保健福祉士の資格を
取得、社会福祉法人にて障害者の支援を行う。現在は独立し、人や組
織、経営理念、福祉業界、企業における障害者雇用をテーマに、中小
企業診断士として活動中。中小企業診断士、MBA（経営管理修士）。

2024 年 4 月 15 日　　第 1 刷発行

フレッシュ中小企業診断士による
合格・資格活用の秘訣V

　　　　　　　　 Ⓒ 編著者　小 林 勇 治

　　　　　　　　　　発行者　脇 坂 康 弘

　　　　　　　　　　　　　　〒113-0033 東京都文京区本郷 2-29-1
発行所　株式
　　　　会社　同友館　　　　　TEL.03(3813)3966
　　　　　　　　　　　　　　　FAX.03(3818)2774
　　　　　　　　　　　　　　https://www.doyukan.co.jp/

落丁・乱丁本はお取り替えいたします。　　　三美印刷／松村製本所
ISBN 978-4-496-05700-7　　　　　　　　　Printed in Japan